Dr. Heinz Malangré

Aachen – Reims
Notizen zur Partnerschaft

Zwei Krönungsstädte im Beziehungsspiel von deutsch-französischer Geschichte und Lebensart

Impressum:

ISBN 3-923773-21-8
Verlag: M. Brimberg Druck und Verlag GmbH
Fotos: Dr. Heinz Malangré
Satz und Gestaltung: Gerd Ramakers
Druck: M. Brimberg Druck und Verlag GmbH, Aachen

Meinem Bruder Kurt Malangré

Oberbürgermeister der Stadt Aachen von 1973 bis 1989,
Europa-Abgeordneter für Aachen von 1979 bis 1999,

zu seinem 70. Geburtstag.

Inhaltsverzeichnis

Grußwort des Oberbürgermeisters Dr. Jürgen Linden

Als vor 37 Jahren Aachen seine erste Städtepartnerschaft mit Reims offiziell schloss, ahnte noch niemand, welche großartige Dynamik für ein näheres Kennenlernen, für Aussöhnung und Verständigung damit in Gang gesetzt werden würde. Zehntausende Begegnungen dürften in all den Jahren seither stattgefunden haben, die dem Zusammenwachsen der Völker dienten.

Die Städtepartnerschaft zwischen Reims und Aachen ist ein eindrucksvolles Beispiel für die allen Verschwisterungen von Städten zugrunde liegende Idee, dass eine engagierte Politik für Zusammenarbeit und Frieden nicht nur die Außenpolitiker der Länder angeht, sondern alle Bürgerinnen und Bürger.

Frankreich und Deutschland bilden seit langem schon eine tragende Achse der Europäischen Union, der europäischen Stabilität und Sicherheit und des europäischen Friedens. Die Partnerschaft zwischen Reims und Aachen hat bei diesem Prozess die große Politik gleichsam von der Basis her ergänzt, verstärkt und immer wieder aufs Neue mit Leben erfüllt. Reims und Aachen sind Symbole der europäischen Geschichte, Symbole für eine gemeinsame Erfahrung, für kulturelle Vielfalt und die Vergegenwärtigung des europäischen Erbes. Und seit Bestehen der Partnerschaft sind sie auch Symbole der deutsch-französischen Freundschaft.

Diese Freundschaft fiel nicht vom Himmel. Sie entwickelte sich nach einem langen Prozess der Annäherung, aus der schließlich Verständigung, Verständnis, Vertrauen erwuchs und die schließlich in Freundschaft mündete.

Heute dürfen wir dankbar sein, dass aus dem wagemutigen Versuch der Pioniere der Partnerschaft eine Verbindung voller Menschlichkeit und Zusammengehörigkeit geworden ist. Ihrer Initiative ist es zu danken, dass aus einer Geschichte, die sowohl Gemeinsamkeiten wie auch Konflikte kennt, die Freude und Leid aufweist, durch guten Willen Vorurteile und Ängste überwunden werden können.

In Reims und Aachen hat es nicht an Menschen gefehlt, die Verantwortung übernommen haben, sich angestrengt und eingesetzt haben für die Lebendigkeit, Vielfalt und Stabilität der Partnerschaft, die damit auch Europa ein gutes Stück vorangebracht haben. Ihnen gilt unser Dank.

Einer der engagiertesten Förderer der Städtepartnerschaft war Kurt Malangré, der sich als Oberbürgermeister der Stadt Aachen und als Europaabgeordneter in hohem Maße für diese Verbindung einsetzte, weil er davon überzeugt war, dass Frieden, Freiheit, Demokratie und Wohlstand in Europa nur durch die Zusammenarbeit der Bürgerinnen und Bürger gesichert und fortentwickelt werden können. Ich freue mich, dass dieses Buch seines Bruders ihm, den der Rat der Stadt Aachen gerade mit der Ehrenbürgerwürde ausgezeichnet hat, aus Anlass der Vollendung des 70. Lebensjahres gewidmet ist.

Dr. Heinz Malangré geht in seinem Buch weit zurück in die Historie und lässt die geschichtlichen Stationen Revue passieren, die das Werden der Städte Reims und Aachen prägten. Die Entwicklung beider kann nur auf dem Hintergrund der wechselvollen deutsch-französischen Geschichte verstanden werden. Mit dem nun vorgelegten Werk kann der Interessierte zu einem vertieften Verständnis der Beziehungen zwischen Reims und Aachen gelangen, das zu zeigen vermag, wie weit verzweigt die Wurzeln und wie reichhaltig die Perspektiven einer Verbindung zweier Städte sein können. Der Band ist ein Ergebnis der Freundschaft zwischen Reims und Aachen und kann zugleich eine der Quellen dieser Freundschaft in der Zukunft werden.

Grußwort des Europaabgeordneten der Stadt Aachen Armin Laschet

„Der 9. Mai wird in der gesamten Union als Europatag gefeiert", so heißt es in der neuen Europäischen Verfassung.

Dieser Tag soll erinnern an die Rede Robert Schumans am 9. Mai 1950 im Uhrensaal des Quai d'Orsay, mit der endgültig der jahrhundertelange Bruderkrieg zwischen Deutschland und Frankreich beendet werden sollte.

Wenige Tage später, am 18. Mai, erhielt Richard Nikolaus Graf Coudenhove-Kalergi im Krönungssaal des Aachener Rathauses den ersten Internationalen Karlspreis der Stadt.

So hat Aachen fast zeitgleich seine eigene Nachkriegsgeschichte eng mit der europäischen Integration verbunden. Selbst der Ort der Preisverleihung, der kriegszerstörte Krönungssaal mit teilweise offenem Dach, hatte, wie es der damalige Oberbürgermeister Albert Maas formulierte, eines mit Europa gemeinsam: „Eine Trümmerstätte, die in Gefahr steht, nächstens zusammen zu stürzen".

In dieser Atmosphäre spricht Graf Coudenhove-Kalergi über seine europäische Vision:

Nur ein föderativer Zusammenschluss Deutschlands und Frankreichs mit gemeinsamer Außen-, Wirtschafts- und Währungspolitik bietet eine friedliche Zukunft für Europa.

Erst 50 Jahre später wurde diese gemeinsame Währung Realität, aber dennoch sind Deutschland und Frankreich eng zusammengewachsen: Institutionell, politisch, – vor allem aber durch die Begegnung der Menschen, an deren Zustandekommen die über tausend Städtepartnerschaften einen bedeutenden Anteil haben. Die zwischen Aachen und Reims ist dabei eine der ältesten und historisch bedeutsamsten.

Doch trotzdem wissen wir zu wenig voneinander, kennen zu wenig die gemeinsame und die trennende Geschichte, die

Kultur, und wir erzählen uns auch zu wenig Geschichten des Alltags und des Lebens.

In Aachen und in Reims, den seit 1967 verschwisterten Krönungsstädten Europas, sind die Jahrhunderte allgegenwärtig. Heinz Malangré ist es gelungen, diese deutsch-französische Geschichte anschaulich, spürbar und lebendig zu machen.

Nicht in Institutionen und Apparaten, sondern im Konkreten, vor Ort, mit und bei den Menschen kann man Europa erfahren. Und Heinz Malangré macht Europa erfahrbar im wahrsten Sinne des Wortes. Wer das Buch gelesen hat, verspürt Lust, nach Reims zu reisen wie tausende und abertausende in den letzten Jahrzehnten.

Die deutsch-französische Freundschaft verdient es, nach über 40 Jahren einen neuen Frühling zu erleben. So wie der Aachener Karlspreis seit den Anfängen im Mai 1950 stets die Etappen europäischer Einigung begleitete, so ist die Städtepartnerschaft Aachen und Reims etwas, das die deutsch-französische Freundschaft lebendig hält.

Dem Buch wünsche ich viele Leserinnen und Leser, vor allem jüngere, für die glücklicherweise dank der europäischen Integration der Krieg zwischen Deutschen und Franzosen unvorstellbar geworden ist. Nach der Lektüre werden sie den Glückszustand Deutschlands und Frankreichs im 21. Jahrhundert noch mehr zu schätzen und zu bewahren wissen.

Grußwort des Vorsitzenden des Partnerschaftskomitees Aachen – Reims Dr. Wolf Steinsieck

Als die beiden Nachkriegspolitiker Charles de Gaulle und Konrad Adenauer, die sich durch große Visionen und ebenso große Tatkraft auszeichneten, die Aussöhnung der zeitweise verfeindeten Nachbarn Frankreich und Deutschland herbeiführten, konnte man noch nicht absehen, wie lange es dauern würde, bis diese Aussöhnung auch die Völker erfassen würde. Ein sichtbares Zeichen auf nationaler Ebene setzten hierfür Präsident Jacques Chirac und Bundeskanzler Gerhard Schröder über vierzig Jahre später, am 6. Juni 2004 in Arromanches. Auf lokaler Ebene setzten eben dieses Zeichen Jean-Louis Schneiter, Bürgermeister von Reims, und Dr. Jürgen Linden, Oberbürgermeister der Partnerstadt Aachen, am 29. August 2004 in Reims.

Der krönende Abschluss der Vorarbeit dieser Aussöhnung war das von de Gaulle und Adenauer gemeinsam gesungene Te Deum am 8. Juli 1962 in der Kathedrale von Reims.

Dr. Heinz Malangré weist in seinem hier vorliegenden Buch darauf hin, dass mit diesem Datum der Krieg zwischen Deutschland und Frankreich wohl für immer beendet worden ist.

Ausgangspunkt und Ziel seines schönen Buches ist nicht nur die viel beschworene deutsch-französische Freundschaft, sondern die gelebte Freundschaft zwischen den Partnerstädten Aachen und Reims. Ich benutze das Epitheton „schön" ganz bewusst, weil es Heinz Malangré gelungen ist, diese gelebte Freundschaft in anrührenden Texten in seinen Promenaden zu schildern und sie in einen historischen Kontext zu setzen, der allen historischen Erkenntnissen gerecht wird. Seine Meisterschaft zeigt sich in der Bewältigung der Schwierigkeit, komplexe Sachverhalte in einfacher Sprache wiederzugeben. Diese seine Sprache unterstreicht die Präzision der Kenntnis, gleichgültig, ob es sich um die *migratio gentium, die Sainte Ampoule* oder den Arianismus handelt. Sie macht aber auch die feinen Beobachtungen zum Palais de Tau, zu Saint Remi und vor allem zur Kathedrale zu einem ganz besonderen Erlebnis. Zu seriösen historischen Betrachtungen gesellt sich häufig ein wohltuender Humor: das *pain d'épices* wird wohl jedem Leser in Erinnerung bleiben.

Ich möchte an dieser Stelle sowohl Herrn Dr. Heinz Malangré, dem langjährigen Präsidenten der Industrie- und Handelskammer zu Aachen, zu seinem Buch gratulieren, als auch dem Beschenkten, Herrn Kurt Malangré, dem langjährigen Oberbürgermeister der Stadt Aachen, zu seinem Ehrentag. Dieser runde Geburtstag findet zu einem „richtigen" Zeitpunkt statt: ohne ihn wäre dieses schöne Buch wohl nicht jetzt erschienen.

„Champagner, Printen und Te Deum"

– so sollte mein Buch über die Städtepartnerschaft eigentlich heißen. Warum?
Champagner – klar, den gibt es in Reims.
Printen – klar, die gibt es in Aachen.
„Te Deum laudamus" – das sangen Adenauer und De Gaulle gemeinsam brüderlich in der Kathedrale von Reims. Und daraus wurde dann – so nebenbei – auch eine Städtepartnerschaft. Wir sind ihr nachgereist, im Frühjahr 1999. Und darüber habe ich dann versucht, ein Buch zu schreiben.
Aber als meine kluge Frau Thesi mein Manuskript las, sagte sie: „Schatz, du hast das Thema nicht getroffen. Du erweckst im Titel den Eindruck eines lockeren Feuilletons, und du landest bei einer anspruchsvollen Schilderung der deutsch-französischen Geschichte. Das geht so nicht."
Was nun?
Ich weiß es noch nicht. Lassen Sie, lieber Leser, mich hineintasten in die Geschichte, und lassen Sie mich dann versuchen, die lebendige Begegnung einzupassen. Wenn ich etwas Schönes, Wichtiges erlebe, dann schlägt meine Neugier voll durch, und ich kann nicht anders, als nachzufragen, wie war das, wie kam das zustande?

✣ ✣ ✣

Es fing alles ganz harmlos an, touristisch nämlich. Ein Chor aus meiner Heimatstadt Aachen, den ich damals leitete, fuhr im Frühjahr 1999 im Doppeldeckerbus nach Aachens Partnerstadt Reims zu einem mehrtägigen Aufenthalt, gedacht als Belohnung für anstrengende Proben und Aufführungen sowie als Chance zur Vertiefung von Freundschaft und gegenseitigem Verstehen.

Kennen lernen, Vertiefung von Freundschaft und gegenseitiges Verstehen – diese Chance hatten wir zunächst nur für die Gemeinschaft des Chores, seiner Angehörigen und Freunde gesehen. Wir erlebten sie jedoch weit darüber hinaus auch in der Begegnung der Partnerstädte Aachen und Reims, ihrer Menschen, ihrer Geschichte, ihrer europäischen Aufgabe, ja, Berufung.

Wir wussten nur bruchstückhaft und in Schlaglichtern dieses und jenes über keltische Ursprünge, über römische Eroberung und Kultivierung, über Taufe Chlodwigs und Merowingerherrschaft, über Frankenreich und Karl den Großen, über Reichsteilung und Krönungstheologien, über Kriege und Friedensschlüsse vor und nach Napoleon und beiden Weltkriegen, über europäischen Neuanfang und das brüderlich-gemeinsame Te Deum von Adenauer und De Gaulle in der Kathedrale von Reims, über den Elysée-Vertrag von 1963 bis zur Karlspreisverleihung an den Sozialisten Mitterrand und den Christdemokraten Kohl am 1. November 1988 in Aachen.

All dies ist bei unserer Reise aufgeleuchtet, manchmal nur schwach oder auch provokant. Es hat uns gewundert, wenn französische Gesprächspartner „unseren" Kaiser Karl als Charlemagne für sich reklamierten, oder wenn wir hörten, dass Ludwig der Fromme sich nach seiner Aachener Krönung in Reims nochmals krönen ließ. War denn die Reimser Krönung richtiger, wichtiger? – Es soll in diesem Buch einiges gesammelt, auch neu gelernt und geordnet werden. Dabei mag dann herauskommen, dass Städtepartnerschaft ein Paradigma ist für Gemeinsamkeit weit größerer Art, bis hin zu abendländischen Dimensionen. Dies gilt wohl für viele Städtepartnerschaften, wenn man sie auslotet und deutet, in ihren je eigenen Situationen und Bezügen.

Dass ich hier für Reims und Aachen nicht zu hoch greife, belege ich durch zwei Zitate, die ich dem Buch „Franzosen und Deutsche – Orte der gemeinsamen Geschichte"[1]) entnehme. Das erste stammt von Karl Ferdinand Werner und handelt von Aachen, das zweite stammt von Jean-Luc Susini und handelt von Reims.

Werner: „In Aachen ist europäische Geschichte in exemplarischer Weise gegenwärtig: römische wie christliche Fundamente unserer Staats- und Kulturwelt, fränkisch-französisch-deutsche Faktoren in enger Verflechtung, wie sie unser Geschichtsbild noch gar nicht angemessen verarbeitet hat. Es muss daher immer wieder von Europa, dem Frankenreich, Deutschland und Frankreich die Rede sein, nicht allein von Aachen: ihre Geschicke erhellen sich gegenseitig."

Susini: „Zu den Städten, deren Namen ins Gedächtnis vieler Franzosen eingegraben sind, weil sie zu historischen Symbolen geworden und in die nationale Legende eingegangen sind, gehört Reims. Die Rolle dieser Stadt hat seit der Zeit Chlodwigs viele Facetten. In einem zersplitterten, uneinigen Land wurde Reims so etwas wie ein Zentrum bei der Bildung des französischen Königreichs. Als unumgehbarer Durchgangsort nahm es an der wirtschaftlichen Entwicklung Nord- und Südeuropas teil; als ein Kreuzungspunkt ist es eingegangen in den Prozess der Beziehungen zum großen Nachbarn Deutschland. Es hat diesen Prozess überdauert und auf der Grundlage von Einigkeit und Brüderlichkeit der Geschichte neue Impulse gegeben."

Bessere „Paten" kann ich mir nicht wünschen. Sie geben sozusagen einen doppelten „Leitfaden" für dieses Buch, dem ich folgen darf und den ich dann mit dem Erlebnis der eigenen Reise zu verbinden versuche – literarisch eine doppelte Reise also, gemischt aus Geschichtskapiteln und persönlichen Impressionen, die wir „Promenaden" nennen, wie bei Mussorgskys „Bildern einer Ausstellung". Promenieren wir also, zwischen Reims und Aachen – und durch die deutsch-französische Geschichte.

Ich bin mir bewusst, dass hier die Partnerschaft Aachen – Reims scheinbar eine Bevorzugung gegenüber anderen Partnerschaften meiner geliebten Heimatstadt erfährt. Das ist aber nicht beabsichtigt. Die bestehenden Partnerschaften mit Halifax (1979), Toledo (1985), Ningbo (1986), Naumburg (1988) und Arlington/Virginia (1993) sind hochgeschätzt und zeigen, dass Aachen sich nicht einkapselt in kleineuropäische Vergangenheit, sondern offen ist für Kontakte in die Welt hinein, so nach England, Spanien, USA und zu den „neuen" Bundesländern. Das sieht auch unsere Reisegesellschaft so, hat der Chor doch selbst schon in Naumburg gesungen und Sangesfreunde aus Toledo in Aachen zu Gast gehabt, und wir halten es mit Aachens Oberbürgermeister Jürgen Linden, der das System der Städtepartnerschaften von seinen Vorgängern, nämlich Hermann Heusch und meinem Bruder Kurt Malangré, übernahm und fortführte, wenn er hierzu schreibt:

„Wenn auch die Akzente bei den Städtepartnerschaften unterschiedlich sind, so ist doch das Ziel immer dasselbe: Menschen, die in verschiedenen Ländern und Erdteilen unter unterschiedlichen wirtschaftlichen, sozialen und kulturellen Bedingungen leben, sollen einander kennen lernen. Städtepartnerschaften fördern das Verständnis füreinander, lassen Freundschaften entstehen und bilden die Basis für dauerhafte friedliche Beziehungen. Städtepartnerschaften, das ist mehr als nur Reisen."[2])

Richtig, das ist mehr als Reisen. Das ist im Falle Reims, der ältesten Partnerstadt Aachens (1967) die Begegnung mit 2000 Jahren europäischer Geschichte, der wir hier nachzuspüren versuchen.

Aber immerhin, Städtepartnerschaft ist auch Reisen. Peter Scholl-Latour, der intime Frankreichkenner und große Publizist, schreibt über die Städtepartnerschaft Aachen – Reims, nach der von Reims erst zögerlich beantworteten Aachener Anfrage „setzte eine Werbung um gegenseitige Sympathie ein, eine Kette von Besuchen, von Verbindungen und Verbrüderungen auf allen Ebenen, wie sie in der Geschichte der zahllosen Jumelages einmalig ist. In den vergangenen zwanzig Jahren haben rund fünfundzwanzigtausend Menschen die Reise von Reims nach Aachen und umgekehrt angetreten."[3])

Und nun beginnt „unsere" Reise. Für mich persönlich ist sie auch eine Zeitreise, zurück in die Pennälerzeit. Wir lasen damals Caesars „Heeresbericht" aus dem ersten Jahrhundert vor Christi Geburt, sein „Bellum Gallicum", seinen „Gallischen Krieg". Mit ihm fange ich jetzt an; denn hier beginnt sie, „unsere" Geschichte.

---

1) Herausgeber: Horst Müller und Jacques Morizet, München 1996, S. 28 u. 238.
2) Jürgen Linden, Die Partnerstädte, Aachen 1999 (Herausg. Stadt Aachen)
3) Peter Scholl-Latour, Leben mit Frankreich, Berlin 1996, S. 144

1. Abteilung: „Unter einem Dach"

Wie Rom ganz Gallien bis zum Rhein erobert. Wie Kelten und Germanen sich begegnen und vertragen. Wie Rom sich mit den eroberten Völkern verbindet und unterwandert wird. Wie daraus das Frankenreich entsteht, zu dem Reims und Aachen gehören...

Und wie die Taufe Chlodwigs 498 zur Schlüsselszene wird:
- für die Christianisierung,
- für die Reichsbildung,
- für die Krönungsgeschichte,
- für die Krönungsstädte Reims und Aachen.

Kapitel 1: Der Gallische Krieg

„Gallia est omnis divisa in partes tres, quarum unam incolunt Belgae, aliam Aquitani, tertiam qui ipsorum lingua Celtae, nostra Galli appellantur". Bis heute kann ich das auswendig hersagen. Auch die Übersetzung schaffe ich noch: „Gallien ist als ganzes in drei Teile geteilt, deren einen die Belger bewohnen, den anderen die Aquitanier und den dritten die Stämme, die in ihrer eigenen Sprache Kelten, in unserer Gallier genannt werden."

Ich bin nicht sicher, ob man uns in der Schule auf die seltsame Formulierung im letzten Satzteil aufmerksam gemacht hat: „... die in ihrer eigenen Sprache Kelten, in unserer Gallier genannt werden." Da wird jemand sozusagen von Amts wegen anders benannt, als er sich selbst nennt. Eine sprachliche Notwendigkeit gab es dafür nicht. Der Name „Kelten" war in beiden Kultursprachen der römischen Zeit bekannt, im Lateinischen als „Celtae", im Griechischen als „Keltoi". Warum stellt Caesar die Umbenennung in „Galli" an den Anfang seines Bellum Gallicum?

Nun, Caesar war nicht nur ein großer Feldherr, er war auch ein großer Politiker und hatte Visionen. Seine politische Vision war hier die Schaffung einer neuen römischen Provinz mit klaren Grenzen und mit eigenem Namen, die sich gegen die herandrängenden germanischen Stämme definieren ließ. Und so benennt Caesar mit imperialer Geste zwei diffuse, noch undefinierte Stammesgebiete mit neuen Namen: Gallien und Germanien. Den Rhein erklärt er zu ihrer Grenze. Kelten hüben wie drüben, das soll nicht mehr gelten. Der Römer ist für klare Sachen, Herrschaft gebiert Namen. So schreibt Karl Ferdinand Werner: „Caesar hat also die ‚Gallische Nation' geschaffen. Den Begriff ‚Gallien' hat er samt der Begrenzung durch den Rhein durchgesetzt."[1)]
So startet man Weltgeschichte.

Es bleibt nicht beim Start. Nach dem Start wird gestaltet. Der Name „Gallien" war ja keine völlige Neuerfindung Caesars, es gab den Namen schon im römischen Herrschaftsreich. „Gallia cisalpina", Gallien diesseits der Alpen, so nannte man in Rom die Provinz auf der Alpensüdseite, im Gegensatz zur später erworbenen. „Gallia Narbonensis", dem römischen Brückenkopf für den Gallischen Krieg, für die Eroberung des „Hexagons", des großen „französischen" Sechsecks, umgrenzt von den Pyrenäen, dem Atlantik, dem Rhein und dem Mittelmeer: Gallien. Ein schon bekannter Name, nach dem dann einfach die neue Großprovinz benannt wurde; aber nicht nur benannt, sondern auch straff römisch organisiert. Das bedeutete nun freilich keine politische und menschliche Sklaverei. Wer römische Siedlungs- und Organisationspolitik studiert, der staunt über die geschickte Kombination staatlicher Ordnungsstrukturen mit überkommenen Verhältnissen. Die Stämme und ihre Herrschaften werden nicht brutal entmachtet; sie dürfen gerade da ihre Eigenständigkeit bewahren, wo sie sich in das große Grundschema einfügen. Reims und der dort lebende Stamm der Remer ist hierfür ein besonders gutes Beispiel. Aber zunächst zum Kriegsverlauf:

59 v. Chr. wird Caesar Konsul in Rom, bildet zusammen mit Pompeius und Cassius ein „Triumvirat", eine Dreimännerherrschaft; er erhält die Oberhoheit über die Provinzen Gallia Cisalpina, Gallia Narbonensis und Illyricum; er will sich bewähren und greift nach dem „ganzen" Gallien, das er dem drohenden Zugriff der Germanen entreißen will.

58 – 51 v. Chr. Eroberung Galliens durch Caesar. Er siegt über die Helvetier bei Bibracte, über Ariovist bei Mühlhausen, unterwirft die belgischen Stämme (57), zieht gegen die Stämme in der Bretagne zu Feld, besiegt die Aquitanier (56), treibt germanische Stämme über den Rhein zurück. Cäsar wagt die Überfahrt nach Britannien (55), zerschlägt den Widerstand der Eburonen unter Ambiorix (52), überwindet die größte Erhebung der Gallier unter Vercingetorix nach der Belagerung von Alesia (52) und kann 51 die Unterwerfung Galliens abschließen. Vercingetorix wird gefesselt nach Rom geschleppt und 49 hingerichtet.

Es ist angebracht, eine Wertung dieser Eroberung Galliens und ihrer Folgen wenigstens zu versuchen. Da gibt es Pro und Contra. Aber wie das so ist in der Geschichte: Was wäre, wenn … Da kann man nur spinnen und spekulieren. Also: Was wäre, wenn Rom durch Caesar Gallien nicht erobert hätte?

Wäre Rom durch die Gallia Narbonensis genügend gesichert gewesen? Und hätte Rom die Kelten und Germanen ihrer eigenen Entwicklung überlassen sollen, die – vielleicht – friedlich verlaufen wäre?

Oder war Rom bedroht, zuerst durch die Helvetier, dann durch die Germanen? War aktive Vorbeugung nötig, daher die Eroberung Galliens unabdingbar?

Oder waren die Kelten eine Art Erbfeind Roms und war die Endabrechnung überfällig, koste es was es wolle?

Auf jede dieser Fragen kann man mit „vielleicht ja" und „vielleicht nein" antworten. Ein ganz eindeutiges „Ja" ist jedoch zu der These zu sagen, dass die Eroberung Galliens durch Rom die Geschichte entscheidend beeinflusst hat. Heinz-Otto Sieburg, besonderer Kenner französisch-deutscher Geschichte, schreibt hierzu:

„Als Cäsar im Jahre 59 die Eroberung Galliens begann, die man seit je als eines der größten Ereignisse der Weltgeschichte angesehen hat, handelte es sich im Grunde nicht mehr darum, ob Gallien noch in keltischem Besitz zu verbleiben vermochte, sondern ... darum, ob es noch römisch werden könnte, bevor es von den Germanen erobert würde, die dann an der Grenze Italiens und damit wenige Tagesmärsche vor den Toren Roms gestanden hätten. Diese Erwägungen waren es, die Cäsars Bellum Gallicum ausgelöst haben, ein folgenreiches Unternehmen, das mit der völligen Unterwerfung Galliens unter Rom endete. Gleichzeitig wurden in Gallien die Segnungen der römischen Verwaltung eingeführt, unter der diese Provinz so gedieh, dass Jahrhunderte hindurch nur einmal eine Rebellion gegen die römische Herrschaft, nämlich der Aufstand des Julius Civilis in den Jahren 69 – 71 n. Chr. aufgeflammt ist. So konnten die drei jüngsten Provinzen, in die Augustus Gallien unterteilt hatte, alsbald garnisonsfrei verwaltet werden."[2)]

Garnisonsfrei verwaltet – das bedeutete etwa „Selbstverwaltung nach Einübung", wie wir das in Westdeutschland nach dem zweiten Weltkrieg mit dem Inkrafttreten des Grundgesetzes und der Beendigung der alliierten Militärregierung erleben durften. – Wir werden noch zu besprechen haben, wie dies in den zeitweise von Rom beherrschten Teilen von Germanien östlich des Rheins und nördlich der Donau aussah. Hier war die Adaption römischer Kultur und Lebensart weit geringer als bei den Kelten in Gallien, bis hin zur Rheingrenze.

Liegt in dieser unterschiedlichen römischen Prägung der Grund für den unterschiedlichen „Nationalcharakter" der Franzosen und der Deutschen? Oder liegt er auch im völkischen „Urstoff"? Gibt es den? Wer waren sie, die Kelten und die Germanen?

---

1) K. F. Werner, Die Ursprünge Frankreichs bis zum Jahr 1000, München 1995, S. 166.

2) H. O. Sieburg, Die Grundzüge der französischen Geschichte, Darmstadt 1997, S. 11 f.

Kapitel 2: „Das Volk, das aus dem Dunkel kam"

Dieser Titel ist nicht von mir; er ist Untertitel eines Buches, das Gerhard Herm über die Kelten geschrieben hat.[1]) Hier wird angedeutet, dass es um die Kelten unergründete Geheimnisse gibt, Gefährlichkeiten, unter denen auch Rom sehr gelitten hat und denen dann Caesar mit Kriegsmacht und Kolonisierung beizukommen suchte.

Was wissen wir über diese Kelten, die überall auftauchen? – Ich habe bei solchen Fragen eine primitive, aber dennoch aufschlussreiche Methode: Ich befrage mein Lexikon, den „Großen Meyer". Und da finde ich eine Menge, die ich hier zusammenfasse.

Den Namen der Kelten kannten schon Griechen und Römer, wie bereits gesagt. Der Name „Keltoi" (griech.) und „Celtae" (lat.) soll etwa „die Tapferen", „die Erhabenen" bedeuten und lässt Respekt erkennen. Die Kelten siedelten im 8. und 7. Jahrhundert v. Chr. im Gebiet von Champagne und Saar über Mittelrhein und Bayern bis nach Böhmen. Dann zogen sie im 7. und 6. Jahrhundert v. Chr. nach Spanien und Britannien, drangen um 400 v. Chr. nach Oberitalien ein, stießen nach Süden vor und bedrohten Rom. 386 v. Chr. besetzten sie Rom (bis auf das Capitol, das die berühmten Gänse mit ihrem Geschrei vor den Kelten retteten).

Spätestens von da an gab es in Rom eine „Keltophobie", die bis in Caesars Zeit anhielt und wohl auch den „Gallischen Krieg" beflügelte. 295, 283, 225 und 222 v. Chr. sehen wir in Italien Schlachten zwischen Kelten und Römern, bei denen Rom die Oberhand behält. In den Punischen Kriegen, die Rom an den Rand des Abgrunds bringen, gehören Kelten zu den Hilfstruppen Hannibals. – Schon im 4. Jahrh. v. Chr. waren keltische Gruppen von Bayern aus über Mähren und Ungarn nach Dalmatien vorgedrungen, 279 plünderten Kelten das Heiligtum Delphi, andere Keltengruppen setzten nach Kleinasien über. Der Name „Galater" geht auf die Kelten zurück. So reichte Anfang des 3. Jahr. v. Chr. der keltische Kulturraum von Britannien bis Anatolien, ohne dass Staaten oder Stammesbünde gebildet worden wären.[2]) Der Rückgang der keltischen Macht begann, wie schon gesagt, durch römischen Widerstand im 3. Jahrh. v. Chr. in Italien, bei gleichzeitigem Druck der Germanen aus dem Norden; es entstanden im Gebiet des heutigen Belgien die Stämme der Belgen (Belger). Diese waren das Ziel der Eroberung durch Caesar; ihr Name wurde von Caesar, wie wir aus dem Bellum Gallicum programmatisch wissen, durch Einbeziehung der Kelten in den Sammelnamen „Gallier" geradezu ausgelöscht. Damit war für Rom das Keltenproblem erledigt, und nach bewährtem römischen Muster begann die Einvernahme der Besiegten durch den Segen der überlegenen Kultur. Anscheinend waren die Kelten klug genug, diesen Segen zu akzeptieren und zu adaptieren; anders hätte es nie ein Frankenreich und ein Frankreich gegeben.

Es gibt antike Beschreibungen der Kelten, so aus der Feder des Griechen Diodorus, der im 1. Jahrh. v. Chr., also zur Zeit Caesars lebte. Er beschreibt die Kelten sozusagen als die „ganz anderen", die sich von griechisch-römischer Gesittung total unterscheiden, als geborene Feinde, als Wesen von einem anderen Stern: „Ihr Anblick war Furcht erregend. Sie sind hoch gewachsen, mit spielenden Muskeln unter weißer Haut. Ihr Haar ist blond, sie bleichen es auch noch auf künstliche Weise, waschen es in Gipswasser und kämmen es von der Stirn zurück nach oben (wie modern! d. Verf.). Sie sehen schon deshalb Waldteufeln gleich ..."[3]). Dioderus beschreibt auch die barbarische Kampfweise der Kelten, ihre grausamen Waffen, ihren Brauch, besiegten Feinden die Köpfe abzuschneiden und diese als Trophäen heimzuführen. – Diodorus macht das, was die Propagandisten aller Zeiten gemacht haben: Er macht den Gegner runter, beschreibt ihn als Unhold, als minderwertig, als bekämpfenswert. Das hat übrigens ein Jahrhundert später Tacitus mit den Germanen nicht viel anders gemacht; wir werden das noch sehen. Hass und Furcht trüben die Augen.

Nun denke man nicht, es habe bei den Kelten keine Kultur gegeben. Zahlreiche Ausgrabungen haben keltische Siedlungen ans Licht gebracht, „oppida", ummauerte Städte: „Allein im alten Gallien lassen sich über neunzig solcher Plätze nachweisen. Sie lagen, wie Nages und Entremont, überwiegend auf Hügeln, hatten sich aus älteren Fluchtburgen entwickelt, waren aber in der mittleren Latène-Zeit schon längst mehr als dies. Bibracte, im alten Burgund, das von allen keltischen Oppida am gründlichsten erforschte, liefert dafür einen eindrucksvollen Beleg", schreibt Herm.[4]

Als Caesar 59 v. Chr. in Gallien einmarschiert, wird ihm ein solches Oppidum sehr wichtig: Durocortorum, die Hauptstadt des Stammes der Remer, die der Stadt ihren Namen gaben: Reims.

---

[1] Gerhard Herm, Die Kelten, Düsseldorf und Wien 1975
[2] Nach Meyer, Großes Konversationslexikon, Buchst. K S. 583
[3] Zit. Nach Herm, a.a.O., S. 15 f.
[4] Herm, a.a.O., S. 206

Kapitel 3: Durocortorum, Stadt der Remer

Wenn ich nichts übersehen habe, dann kommt der Name Durocortorum in Caesars „Bellum Gallicum" nur ein einziges Mal vor, nämlich im 6. Buch, Kapitel 44. Dort wird berichtet, dass Caesar sein Heer „nach Durocortorum, in das Gebiet der Remer" führte. Er berief dorthin eine gallische Landversammlung ein und begann, über die Verschwörung der Senonen und Carnuten eine Untersuchung anzustellen.[1])

Das lässt auf ein großes Vertrauen Caesars zu den Remern und ihrer Hauptstadt schließen. – Den Hintergrund für dieses Vertrauen erfahren wir im 2. Buch, Kapitel 3 des Bellum Gallicum. Nach dem Zurückwerfen der Helvetier und der Besiegung des Ariovist zieht Caesar in den Norden des Landes gegen die Belger, die sich gegen ihn zusammenrotten. Mit einem seiner berühmten „Geschwindmärsche" führte Caesar sein Heer in nur 15 Tagen aus dem Gebiet der Sequaner am Jura an die Grenzen des belgischen Gebiets, die wir an Marne und Seine zu suchen haben. Und nun der „Heeresbericht": „Als Caesar dort überraschend und schneller als erwartet eintraf, schickte der belgische Stamm der Remer, der an der Grenze zu Gallien lebt, Iccius und Andecumborius, die Führer ihres Stammes, als Gesandte zu Caesar, um ihm zu sagen, die Angehörigen ihres Stammes unterstellten sich und ihren ganzen Besitz ‚dem Schutz und der Herrschaft des römischen Volkes; sie stimmten mit den übrigen Belgern nicht überein und seien auch in keiner Weise an der Verschwörung gegen das römische Volk beteiligt. Sie seien bereit, ihm Geiseln zu stellen und seine Aufträge auszuführen, ebenso auch sein Heer in ihre Städte aufzunehmen und mit Getreide und anderen Notwendigkeiten zu versorgen. Alle übrigen Belger stünden unter Waffen, und die Germanen, die diesseits des Rheins lebten, hätten sich mit ihnen vereinigt.'"[2])

Caesar nimmt gnädig die Angebote an und lässt sich berichten, was die Remer über die Streitkräfte der Belger zu wissen glauben. Addiert man alle Angaben, so kommt man auf ein Aufgebot von fast 300.000 Mann, eine sicher übertriebene Zahl; aber das Bellum Gallicum ist nun einmal eine Renommierschrift an den Senat von Rom, und da kann nach dem Motto „Viel Feind – viel Ehr" ein bisschen Übertreibung nicht schaden. – Alles in allem: Die Remer werden zu Verbündeten Roms und geraten in Bibrax, einer ihrer Ortschaften (wahrscheinlich Le Vieux-Laon in der Nähe von Beaurieux und Bièvres bei St. Thomas, Aisne)[3]) in den Beschuss und die Belagerung durch belgische Kräfte; römische Hilfstruppen bringen Entlastung, ehe dann Caesar die entscheidenden Schlachten gegen die belgischen Stämme führt und schon 57 v. Chr. in die Bretagne und nach Aquitanien zieht. Im Land der Belger bleibt es relativ ruhig bis zum Jahr 53 v. Chr., bis zum Aufstand der Senonen und Carnuten.

Diese Verschwörung ist ein großes Versteck- und Verwirrspiel, im 5. und 6. Buch des „Bellum Gallicum" ausführlich beschrieben. Germanische Verbündete werden von Galliern angeworben, vor allem die Treverer, von denen später Trier seinen Namen erhält. Ambiorix und Acco sind als Anstifter und Caesargegner mit im Spiel; aber Kriegskunst und Kriegsglück helfen den Römern, die letzten Endes alle gallisch-germanischen Attacken niederschlagen.

Jetzt kommt Durocortorum, die Hauptstadt der römertreuen Remer, ins Blickfeld: „Nachdem das Land in dieser Weise verwüstet war, jedoch auch zwei Cohorten verloren waren, führte Caesar das Heer nach Durocortorum, einer Stadt der Remer. Er berief dorthin einen gallischen Landtag (concilium Galliae) ein und begann, über die Verschwörung der Senonen und Carnuten eine Untersuchung anzustellen."[4]) Diese Untersuchung wird sich nicht groß mit Ursachenforschung – etwa mit der Unzufriedenheit der Gallier über die immensen Kosten der Verpflegung von zehn Legionen! – befasst haben, sondern ein Gerichtsverfahren des Siegers über die Besiegten gewesen sein. Wir erfahren aus dem Text: „Über den Anstifter des Plans, Acco, fällte Caesar ein hartes Urteil und ließ ihn nach hergebrachter Sitte hinrichten."[5]) Das heißt: Acco wurde zu Tode gegeißelt und enthauptet. Über Ambiorix hören wir hier nichts; er ist flüchtig mit nur wenigen Begleitern.

Ob das „concilium Galliae", der gallische Landtag, eine Einrichtung von Dauer gewesen ist, wissen wir nicht. Die Ereignisse des Jahres 53 v. Chr. müssen jedoch die Position der Remerstadt Durocortorum sehr gestärkt haben. Das wird deutlich werden, wenn wir uns das Geschick der Stadt in der Römerzeit ansehen.

Zum „Bellum Gallicum" noch ein abschließender Hinweis. Der Krieg dauerte „nur" noch ein weiteres Jahr, bis 52 v. Chr. Dieses eine Jahr war das Jahr des jungen Avernerprinzen, Vercingetorix, des wohl größten und gefährlichsten Gegners Roms im gallischen Krieg. Doch auch er scheiterte an Caesars Kriegskunst. Bei der Belagerung von Alesia ergibt er sich Caesar, wird nach Rom zum Triumphzug geschleppt und 46 v. Chr. hingerichtet. Zwei Jahre später stirbt Caesar von Mörderhand.

---

1) G. J. Caesar, Der Gallische Krieg, Übers. M. Deissmann, Stuttgart 1991, S. 365
2) Caesar, a.a.O., S. 93
3) Deissmann in: Caesar, a.a.O., S. 589, Anm. 157
4) Caesar, a.a.O., S. 365
5) Caesar, a.a.O., S. 365

Kapitel 4: Die kühlen Blonden aus dem Norden

Über die Kelten als den wichtigsten Teil der Bewohner Galliens haben wir schon einiges gesagt. Da es nun hier um Partnerschaft geht, muss auch der germanische Partner zu Wort kommen: die Germanen. Wieder befragen wir das Lexikon und erfahren dies:

„Germanen" ist der „Sammelname" für Völker und Stämme in Nord- und Mitteleuropa, die der so genannten indogermanischen Sprachfamilie angehören, untereinander sprachverwandt sind, sich jedoch von den benachbarten Kultur- und Sprachgruppen der Kelten, Illyrer, Balten, Slawen und Finnen durch Sprache, Religion, Sitte, Brauch und Gegenstandskultur unterscheiden. Die Bedeutung des Namens Germanen ist bisher nicht befriedigend erschlossen. Es handelt sich um eine keltische Bezeichnung für nichtkeltische Stämme, die von Caesar – und nach seinem Vorbild von den Römern – übernommen wurde. Die ersten Nachrichten über die Germanen brachte Pytheas von Massalia im 4. Jahr v. Chr. von seiner Seereise in den Skagerrakraum mit. Den Namen überliefert zuerst Poseidonios (135 – 51 v. Chr.) als Namen eines Stammes im Norden Galliens.[1])

Südskandinavien, Dänemark und Schleswig sind die Heimatgebiete der Germanen. Nach Wanderungen werden drei Gruppen unterschieden: Die Nordgermanen als die in Skandinavien verbleibenden Stämme; die Ostgermanen als die Auswanderer in das Gebiet der Elbe, u. a. die Burgunder, Goten und Wandalen; die Westgermanen an Rhein, Weser und Elbe, u. a. die Cherusker, Ubier, Franken, Friesen und Sachsen. Auch die Langobarden und Markomannen gehören zum westgermanischen Kreis. – Wir werden noch sehen, wie die so genannte Völkerwanderung im vierten und fünften Jahrhundert v. Chr. dies alles in Bewegung bringt!

Der germanische Typus wird meistens als hochgewachsen, blond und langschädelig geschildert; aus römisch-griechischer Autorenschaft gibt es auch Ähnlichkeiten zwischen Germanen und Kelten, die verständlich werden, wenn man beiden den südländischen Grundtypus gegenüberstellt.

Sehr interessant sind vergleichende Bemerkungen zu Kelten und Germanen bei Caesar, im Bellum Gallicum. Caesar erkennt bei den keltischen Galliern schon so etwas wie geordnete soziale Strukturen, beschreibt die Druiden als Kaste der weisen Priester und Richter, die Ritter als die Kaste der Mächtigen mit abhängigen „Klienten" und Sklaven. Bei den Germanen sieht er das alles weniger ordentlich; ihre Stämme leben unabhängig voneinander und schweifen als Nomaden jagend und raubend umher.

Die Gallier treiben Ackerbau, sie haben als Partner der Römer Besitzdenken und Lebensart gelernt; das aber hat sie kriegerisch schwächer und anfälliger gemacht, als sie ehedem waren: „Da die Germanen noch jetzt unter denselben dürftigen, ärmlichen und entbehrungsreichen Verhältnissen leben wie damals, ist auch ihre Nahrung und ihre übrige Lebensweise noch die gleiche. Den Galliern aber hat die Nähe der römischen Provinzen und die Kenntnis überseeischer Verhältnisse viel an Reichtum und Verfeinerung der Lebensweise gebracht, so dass sie sich langsam daran gewöhnten, von den Germanen besiegt zu werden, und da sie in vielen Schlachten geschlagen wurden, vergleichen sie sich nicht einmal selbst mit ihnen, was die Tapferkeit angeht."2)

Man sieht, schon vor 2000 Jahren wurden angebliche Wesensmerkmale der späteren Deutschen und Franzosen literarisch festgeschrieben!

Wenn wir schon bei literarischen Zeugnissen aus antiker Zeit sind, dann müssen wir auch bei Tacitus vorbeischauen, der etwa 150 Jahre nach Caesar schrieb und in seiner „Germania" die germanische Szene wie folgt skizzierte:

„Germanien insgesamt ist von den Galliern, von den Rätern und Pannoniern durch Rhein und Donau, von den Sarmaten und Dakern durch wechselseitiges Misstrauen (sic!) oder Gebirgszüge geschieden. Die weiteren Grenzen schließt das Weltmeer ein, breite Landvorsprünge und Inseln von unermesslicher Ausdehnung umfassend."3)

Die Anlehnung an Caesars „Bellum Gallicum" ist unübersehbar. Man braucht nur die beiden Eingangskapitel nebeneinanderzulegen, dann hat man die Landkarte der römischen Provinzen Gallien und Germanien und die wesentlichen Teile des späteren Frankenreiches.

Über die Siedlungsweise der Germanen schreibt Tacitus: „Dass die Völkerschaften der Germanen keine Städte bewohnen, ist hinreichend bekannt, ja dass sie nicht einmal zusammenhängende Siedlungen dulden. Sie hausen einzeln und gesondert, gerade wie ein Quell, eine Fläche, ein Gehölz ihnen zusagt. Ihre Dörfer legen sie nicht in unserer Weise an, dass die Gebäude verbunden sind und aneinander stoßen: Jeder umgibt sein Haus mit freiem Raum, sei es zum Schutz gegen Feuergefahr, sei es aus Unkenntnis im Bauen."[4]) Ganz anders die Kelten mit ihren frühen Städten, den oppida, darunter auch Durocortorum, das spätere Reims!

Abschließend noch eine kleine Blütenlese von Äußerungen des Tacitus über die Germanen, die in ihrer Klischeehaftigkeit einer gewissen Komik nicht entbehren:

„... ist auch die äußere Erscheinung trotz der großen Zahl von Menschen bei allen dieselbe: wild blickende blaue Augen, rötliches Haar und große Gestalten, die allerdings nur zum Angriff taugen. Für Strapazen und Mühen bringen sie nicht dieselbe Ausdauer auf, und am wenigsten ertragen sie Durst und Hitze..."[5])

Bei der Volksversammlung: „Missfällt ein Vorschlag, so weist man ihn durch Murren ab, findet er jedoch Beifall, so schlägt man die Framen (Speere) aneinander. Das Lob mit den Waffen ist die ehrenvollste Art der Zustimmung."[6])

Zur Lebensweise: „Gleich nach dem Schlafe, den sie häufig bis in den lichten Tag hinein ausdehnen, waschen sie sich, öfter warm, da bei ihnen die meiste Zeit Winter ist... Dann gehen sie in Waffen an ihre Geschäfte und nicht minder oft zu Gelagen. Tag und Nacht durchzuzechen, ist für niemanden eine Schande... Die Kost ist einfach: wildes Obst, frisches Wildbret oder geronnene Milch... Dem Durst gegenüber herrscht nicht dieselbe Mäßigung..."[7])

Respekt zeigt Tacitus vor der ehelichen Treue der Germanen: „So leben die Frauen in wohlbehüteter Sittsamkeit, nicht durch lüsterne Schauspiele, nicht durch aufreizende Gelage verführt ... Überaus selten ist trotz der so zahlreichen Bevölkerung ein Ehebruch. Die Strafe folgt auf der Stelle und ist dem Manne überlassen: er schneidet der Ehebrecherin das Haar ab, jagt sie nackt vor den Augen der Verwandten aus dem Hause und treibt sie mit Rutenstreichen durch das ganze Dorf ... Dort lacht nämlich niemand über Ausschweifungen, und verführen und sich verführen lassen nennt man nicht modern."[8]) Hier will Tacitus wohl den lockeren Sitten im kaiserlichen Rom eins auswischen.

Ich widerstrebe der Versuchung, hier noch weitere Charakterisierungen meiner Vorfahren aufzuführen, wobei ich vermerke, dass es – besonders im Linksrheinischen – auch kelto-germanische Mischformen gegeben hat, bei denen ich mich vielleicht einreihen kann. So genau weiß das ja keiner.

---

1) Meyer, Großes Konversationslexikon, Stichwort Germanen
2) Caesar, Der Gallische Krieg, Stuttgart 1991, S. 339
3) Tacitus, Germania, Übers. M. Fuhrmann, Stuttgart 1997, S. 5
4) Tacitus, a.a.O. S. 25
5) a.a.O. S. 9
6) a.a.O. S. 19
7) a.a.O. S. 36
8) a.a.O. S. 29

Kapitel 5: Römerzeit – Herrschaft oder Partnerschaft?

Manchmal muss man sehr vereinfachen, um das Wesen eines Vorganges deutlich zu machen. Eine sehr treffende Vereinfachung finde ich bei Gerhard Herm, der Karl Julius Weber zitiert: „Alle Eroberer haben ihre getreuen Untertanen regimenterweise verschlungen, aber Eroberungen sind leichter gemacht als gehalten. Es gibt nur drei Wege: Die Eroberten alle erschlagen und das Land in Viehweiden verwandeln, Besetzung mit Übermacht, oder den Segen der Kultur bringen (Römergepflogenheit)."[1])

Hier haben wir's. Römergepflogenheit: den Segen der Kultur bringen!

Ist das nur Technik? Reine Besatzungskunst? Ist das nicht auch Charakter, basierend auf der Achtung vor dem je anderen, den man lieber zum Partner, gar zum Freund hat, um ihn nicht stets beargwöhnen und unterdrückend bewachen zu müssen? Natürlich, Ordnung muss sein, Tribute und Steuern und Dienste müssen geleistet werden; aber gediente Legionäre kommen als Siedler ins Land, Händler bringen Waren und Geld, kaufen und verkaufen, neue Methoden und Genüsse werden angeboten, die Sitten werden feiner, Mythen und Riten werden toleriert, solange man nur „dem Kaiser gibt, was des Kaisers ist". Und das war zu ertragen.

Für unseren „Musterfall" Reims beschreibt der französische Historiker Jacques Le Goff die Anfänge dieser Stadt als doppelten Glücksfall. Dessen erster Teil ist schon in vorrömischer Zeit begründet: „Reims ist Mittelpunkt eines Gebiets an Grenzrändern, wo zwei Funktionen sich kumulieren: die des Austausches im Zentrum eines Netzes von Straßen und die eines Grenzfilters zwischen Nord und Süd, Ost und West. Die ersten, die Reims von seinen Möglichkeiten profitieren ließen, waren sicher die Remer…"[2])

Und dann: „Der zweite Glücksfall für Reims – und dieser brachte die Stadt einen entscheidenden Sprung vorwärts – war die Ankunft der Römer. Die Remer trafen die richtige Wahl. Statt den Wirrwarr der uneinheitlichen keltischen Volksstämme, denen jedes Bewusstsein der eigenen Identität, erst recht der nationalen Einheit fehlte, noch zu vergrößern, wurden die Remer von Beginn an zu Verbündeten der Römer. Ihre Treue war unverbrüchlich. Nach der römischen Eroberung erscheinen die Remer in der höheren Gruppe als Volksstämme Galliens, der Bundesgenossen, die der Theorie nach unabhängig und mit Rom auf einer Stufe der Gleichheit verbündet sind."3)

Reims, die „Urbs Remorum", erlebt Aufschwung und Blüte. Unter Kaiser Diokletian (184 – 205 n. Chr.) wird es zur Hauptstadt der Provinz Belgica secunda, der größten römischen Provinz Galliens mit zwölf civitates (Verwaltungsregionen, denen später christliche Bistümer folgen werden). Le Goff benennt die Fläche der Stadt mit 60 bis 90 Hektar in diokletianischer Zeit und die Zahl der Einwohner mit 20.000. Aachen ist um diese Zeit ein kleines römisches Militärbad, errichtet an einer keltischen, dem Quellgott Granus geweihten Heilquelle, strategisch und politisch ziemlich unbedeutend. Trier und Köln sind da schon viel weiter.

Reims wird sogar in die römische Mythologie einbezogen. Noch im 10. Jahrhundert bastelt der Reimser Kanoniker Flodoard an einer Legende, die ich nach Le Goff zitiere:

„Im Gefolge eines Streits wurde Remus getötet, und Romulus gab Rom seinen Namen. Es erscheint somit als wahrscheinlich, dass die Soldaten von Remus ins Exil gingen, unsere Stadt erbauten und die Völkerschaft der Remer gründeten, denn unsere Mauern tragen als Ornamente die Embleme der Römer, und das höchste Tor hat bis in unsere Tage den Namen von Mars behalten, der nach Meinung der Alten der Vater der römischen Völkerschaft war. Unter dem Gewölbe rechts beim Ausgang ist die Wölfin abgebildet, die der Sage nach ihre Zitzen den beiden Kindern Remus und Romulus gibt."4)

Das nenne ich fürwahr einen Stammvater von höchstem Karat! Die sagenhafte Gründung Roms wird um 750 v. Chr. angesetzt; dagegen sind wir Aachener mit „unserem" Karl dem Großen und seiner Pfalzkapelle von 800 n. Chr. dann die reinsten Parvenüs. Aber mit oder ohne Remus: Reims war eine bedeutende Römerstadt auf keltischem Grund. Die erhaltenen Zeugnisse werden wir noch gebührend würdigen.

Das Gesamtbild wird in seiner Struktur vielleicht am ehesten klar, wenn wir uns die Einteilung Galliens in Provinzen, Metropolen und Civitates ansehen, wie sie in der Notitia Galliarum aus dem 4. Jahrhundert enthalten ist. Hier wird einmal die große Bedeutung der Metropole Reims deutlich, zum anderen aber auch das Wachsen der „Diözese" Gallien nach Osten, an Rhein und Main und Mosel: Trier, Mainz und Köln sind als Metropolen mit im Spiel. Trier ist sogar der Sitz des Präfekten, einer Art Vize-Kaiser. Die Tabelle lautet:

Diözese	Provinz	Metropole	Gesamtzahl der Civitates
	Belgica I	Trier	4
	Belgica II	Reims	12
	Maxima Sequanorum	Besançon	4
	Germania I	Mainz	4
Gallien	Germania II	Köln	2
	Lugdunensis I	Lyon	3
	Lugdunensis II	Rouen	7
	Lugdunensis III	Tours	9
	Lugdunensis IV	Sens	7
	Alpes Poeninae et Graiae	Tarentaise (Moûtiers)	2
	zehn Privinzen mit	insgesamt	54 Civitates

Man sieht, das Bild ist wohlgeordnet und scheint stabil. Wir wissen, dass es nicht so blieb. Die Franken kommen und stören.

1) Gerhard Herm, Die Kelten, Düsseldorf und Wien 1975, S. 305
2) Jacques Le Goff, Reims, Krönungsstadt, Berlin 1997, S. 19
3) Le Goff, a.a.O., S. 10
4) Le Goff, a.a.O., S. 11 f.
5) Reinhold Kaiser, Das römische Erbe und das Merowingerreich, München 1997, S. 11

Kapitel 6: Die fränkische Störung

Keine Sorge, hier kommt nach den Römern, den Kelten und Germanen keine neue ethnische Gruppe ins Spiel. Die Franken waren Germanen, zu den Westgermanen gehörend. „Sie erscheinen als ein Bund von Völkerschaften, die zunächst schon in der älteren Kaiserzeit zwischen Rhein und Weser bezeugt sind. Ausdrücklich genannt werden die Chamaven, Chattuerier, Brukterer, Amsivarier und die erst 357 auftretenden Salier."[1]) Im Zuge der römischen Germanienpolitik haben sie zahlreiche Beziehungen zu römischen Instanzen, Städten und Soldaten gehabt und auch als Hilfstruppen und Verbündete gedient, teilweise bis in hohe Kommandostellen.

Man muss hier ein Wort nachtragen über römische Germanienpolitik. War sie seit der Schlacht im Teutoburger Wald 9 n. Chr., in der Varus gegen Arminius drei Legionen verlor, gescheitert? Gewiss, das „Planziel Elbe" wurde nicht erreicht, der befestigte Limes sicherte nur noch das verletzliche Rhein-Donau-Dreieck; aber die Grenzen an Rhein und Limes und Donau waren nicht „zu", wie etwa 1900 Jahre später bei der „Berliner Mauer" und dem „Eisernen Vorhang" zwischen West und Ost, sondern es gab Kommunikation, es gab Siedlungspolitik, es gab Handel und Wandel.

Im großen Katalog der Stuttgarter Alamannen-Ausstellung des Jahres 1997 finde ich zwei Siedlungskarten Germaniens über die Jahre 20 v. Chr. und 50 n. Chr. mit folgendem Kommentar: „Es gelang nicht, das Land zwischen Rhein und Elbe als germanische Provinz ins römische Imperium einzugliedern. Daher beendete Kaiser Tiberius die offensive Germanenpolitik seines Adoptivvaters Augustus. Es wäre allerdings verfehlt, sie damit als völlig gescheitert zu bezeichnen. Das große Ziel wurde zwar nicht erreicht, doch hatte man in diesen 28 Kriegsjahren durch Umsiedlung von Stämmen und Völkerschaften die machtpolitischen Verhältnisse neu geordnet. Romfreundliche Stämme wurden sowohl linksrheinisch wie auch im Vorfeld der Reichsgrenze angesiedelt, romfeindliche Verbände weiter nach Osten abgedrängt."[2])

Fränkische Stämme sind die wichtigsten Nutznießer dieser Politik. Sie überschreiten zum Teil den Rhein und siedeln als römische Föderaten in Brabant. Was Wunder, dass die reichen Römerstädte Köln, Trier, Reims nicht nur ihre Bewunderung, sondern auch ihre Begehrlichkeit wecken! Beutezüge und Gegenschläge sind an der Tagesordnung.

Reinhold Kaiser unterscheidet mehrere Phasen in der Geschichte der fränkischen Störungen und Ausdehnungen. In einer ersten Phase sieht er – von 258 bis 358 – „Piraten- und Plünderungszüge“ von „gefolgschaftsähnlichen Heerhaufen, die sich zum Teil für kurze Zeit innerhalb des Imperiums festsetzen konnten, von der römischen Administration entweder aufgerieben, vertrieben, gefangen genommen, oder als Wehrbauern und Söldner integriert wurden und so zur Entstehung der gallorömisch-fränkischen Mischzivilisation beitrugen.“[3)]

Hier sind also noch ziemlich unorganisierte Kraftakte gemeint, die aber doch schon teilweise assimiliert werden und zu Mischkulturen beitragen.

Kaiser fährt fort: „Die zweite Phase fränkischer Geschichte ist die Zeit der Bündnisse; sie währte von der ersten Ansiedlung der Salfranken innerhalb der Reichsgrenzen bis zur Errichtung des Chlodwigreiches.“

Das soll die Dinge nicht verharmlosen oder gar normalisieren. Es kommt zu zahlreichen Übergriffen, und alles in allem klagt Hieronymus aus dem fernen Betlehem: „Unzählige wilde Völker besetzen Gallien. Zwischen den Alpen und den Pyrenäen, zwischen dem Ozean und dem Rhein sieht man Quaden und Wandalen, Sarmaten, Alanen, Capiden, Heruler, Sachsen, Burgunder und Alamannen Städte und Güter verwüsten. Das einstmals so prächtige Mainz ist eingenommen und zerstört, in seinen Kirchen wurden Tausende von Menschen getötet. Worms geht nach einer langen Belagerung zugrunde. Reims liegt in Trümmern.“ Anton Sterzl, dessen klugem Buch vom „Untergang Roms an Rhein und Mosel“ ich dieses Zitat verdanke, weist richtig darauf hin, dass der heilige Hieronymus kein Kriegsberichterstatter war, sondern mehr die allgemeine Untergangsstimmung des römischen Imperiums deutlich machen wollte; Sterzl fasst das Besondere der fränkischen Invasion in einer fast paradoxen Betrachtung zusammen:

„500 Jahre hatten die Römer jenseits der Alpen regiert, verwaltet, gewirtschaftet, gehandelt, gelebt und geliebt. Es war keine aufgesetzte Zwangsherrschaft von Eroberern, sondern eine tiefe Integration aus keltischem und germanischem Lebensgefühl, die auch nicht überall mit einem jähen Bruch vorbei sein konnte. Als die Germanen in Trier und Köln eindrangen, drangen sie in Rom ein – wo sie schon lange waren. Sie galten als Barbaren und als Feinde des Reiches, weil sie nicht mehr dienstleistende Föderaten sein wollten, sondern die alten Besitzverhältnisse antasteten. Aber sie hoben nicht zielstrebig oder mit nationalem Instinkt ein Reich aus den Angeln. Sie vernichteten nicht seine Zivilisation, sondern wurden als Sieger selbst umgeformt und in einem langwierigen Prozess verändert."[4])

So geht – wie bei einem guten Theaterstück – ein Akt über in den nächsten, in neuen Dekorationen zwar, aber in einem folgerichtigen Handlungsverlauf.

Die fränkischen Eroberungen waren ein Teil der großen „migratio gentium", der Völkerwanderung, welche die germanischen Stämme über viele Hunderte von Kilometern aus den angestammten Gebieten in neue Räume vordringen ließ, bedrängt und vertrieben von den aus dem Osten stürmenden Hunnen, ihrerseits das römische Reich zerstörend. Nur Andeutungen sind hier möglich. – Begrenzt wird dieser Prozess durch zwei markante Ereignisse: den Hunneneinfall im Jahre 375 und die Landnahme der Langobarden in Italien 568. Dazwischen liegt der gewaltige Wirbel der verjagten und erobernden, erneut verjagten und erneut erobernden germanischen Stämme, von denen die Westgoten die weitesten Wege nahmen: von der Weichselmündung nach Trennung von den Ostgoten zur Westküste des Schwarzen Meeres, dann durch Griechenland und den Peloponnes wieder die Balkanhalbinsel hinauf nach Italien. Ravenna wird belagert, Rom geplündert, der Westgotenkönig Alarich stirbt vor der Überfahrt nach Afrika 410 in Cosenza. Alarichs Nachfolger Althaulf heiratet die Halbschwester des römischen Kaisers Honorius, und sein Bruder Wallia gründet 419 das Tolosanische Reich der Westgoten (Tolosa ist das heutige Toulouse). Mit diesem Tolosanischen Westgotenreich werden dann wenig später die Franken zu tun bekommen.

Andere germanische Stämme, denen die Franken in Gallien begegnen, sind die Burgunder und die Alamannen. Wir werden noch sehen, wie ihre Reiche dem Frankenreich einverleibt werden. – Zuvor aber muss der Hunnensturm beendet werden: Die berühmte Schlacht auf den katalaunischen Feldern im Jahre 451 treibt Attila über den Rhein zurück. Nach seinem Tod 453 zerfällt das Hunnenreich. Im Jahr 454 wird auch Aëtius getötet, der römische Feldherr, der mit seinen Truppen und Hilfstruppen, darunter Franken, Goten, Burgunden, gegen Attila angetreten war. Das Machtvakuum in Gallien wird immer deutlicher. Die Stunde der Franken ist gekommen; die Franken nehmen ihre Stunde wahr. Sie tragen ja schon „zwei Hüte", sind Franken und Römer zugleich. Auf einem ihrer Gräber steht: „Francus ego cives, miles romanus in armis", Franke bin ich meiner Nation nach, als römischer Soldat stehe ich unter Waffen.[5)]

Aber: „Römischer Soldat" – was heißt das noch, nachdem 476 der weströmische Kaiser Romulus Augustulus abgesetzt wird und das Weströmische Reich erlischt?

Wir dürfen das wohl so sehen: Das Ende Westroms bedeutet nicht den totalen Untergang des Römischen Reiches. Zum einen wird der oströmische Kaiser wieder „zuständig" für das Gesamtreich, theoretisch wenigstens. Zum anderen bleiben die weströmischen Strukturen – Armee, Provinzen – zunächst erhalten und werden usurpiert, die Armee in Italien von Odowakar, einem hohen römischen Offizier germanischer Abstammung, Gallien zu weiten Teilen von dem Westgotenkönig Eurich und seinem Nachfolger Alarich II. Im Norden Galliens sehen wir die Franken, im Südwesten die Burgunden, beide sich zunächst auf römische Mandate stützend. Und dann noch außerhalb des „Sechsecks" die Alamannen zwischen Worms und Basel.

Franken, Westgoten, Burgunden, Alamannen – geht das gut miteinander? Sind alle vier Stammesgruppen schon so „sesshaft", so stabil, dass sie einander respektieren und den je anderen in Ruhe lassen, oder wirbelt die Schwungkraft der Völkerwanderung noch in und mit ihnen? Nun, eher letzteres, die Wanderlust ist nicht von heute auf morgen zu Ende, und das „gallische Sechseck" hieße heute nicht „Frankreich", wenn nicht die Franken letztendlich das Rennen um die Macht gewonnen hätten. Offen gesagt, die fränkischen Führer hatten die geringsten Skrupel und die stärksten Bundesgenossen. Sie entschieden den Machtkampf rigoros für sich. Damit kommen wir zu den Merowingern, ihrem Willen zur Macht, ihren Verbündeten.

Es ist, als halte die Weltgeschichte den Atem an. Auch Ostrom nimmt aufmerksam Kenntnis von den fränkischen Aktivitäten. Spätestens seit Chlodwig unterstützt Ostrom die Franken, die sich zur Annahme des „Staffelholzes“ der antiken und christlichen Kultur rüsten.

---

[1]) Eugen Ewig, Die Merowinger und das Frankenreich, Stuttgart/Berlin/Köln 1997, S. 9

[2]) Jörg Heiligmann, Die Alamannen, Stuttgart 1997, S. 57 f.

[3]) R. Kaiser, Das römische Erbe und das Merowingerreich, München 1997, S. 10

[4]) Anton Sterzl, Der Untergang Roms an Rhein und Mosel, Köln 1978, S. 13 f.

[5]) Hier zitiert nach Patrick J. Geary, in: Römer und Barbaren, München 1997, S. 81

Kapitel 7: Childerich, der erste große Merowinger

Merowinger – so heißt das fränkische Herrschergeschlecht, das wir seit dem fünften Jahrhundert kennen. Hans K. Schulze nennt in einer Stammtafel der Merowinger vier Namen der ersten Herrscher: Chlodio (ca. 425 – 453), Merowech (ca. 455), Childerich I. (457/58 – 482) und dann Chlodwig I. (482 – 511).[1]) Man erkennt aus den ungenauen Jahreszahlen bei Chlodio und Merowech, daß wir uns in einer noch nicht völlig erhellten historischen Landschaft befinden. Erst ab Childerich wird die Kenntnis präziser.

Zum Glück für Historiker, Archäologen und uns späte Nacherzähler wurde 1653 bei der Pfarrkirche St. Brictius in Tournay das Grab des Childerich gefunden. Eugen Ewig schreibt darüber: „Der König war in voller Tracht mit Waffen, Insignien und einem Schatz von Gold- und Silbermünzen bestattet worden. Die prunkvolle Art der Bestattung, die Form der Waffen und der goldene Handgelenkring kennzeichnen den fränkischen König, der Siegelring, die goldene Zwiebelknopffibel und das paludamentum (der von der Fibel gehaltene Mantel) den hohen römischen Offizier (K. Böhner). Ein goldener Stierkopf erinnert an den göttlichen Ahnherrn der Merowinger."[2])

Das muss man genau lesen, um drei Funktionen und drei Attribute zu erkennen:

- fränkischer König,
- römischer Offizier,
- göttliche Abstammung.

Es ist viel darüber gestritten und geschrieben worden, ob und von wann an man die fränkischen Anführer als „Könige" bezeichnen konnte. Gewiss waren die Übergänge fließend. Eugen Ewig schreibt hierzu: „Entstehung und innere Struktur des Frankenbundes bleiben bis heute im dunkeln. Sicher ist nur, dass die Einzelstämme unter eigenen Anführern standen, die in den antiken Quellen als reges (basileis), aber auch als duces, regales, subreguli bezeichnet werden."[3])

Ganz verständlich werden Rolle und Bedeutung des Childerich wohl nur, wenn wir die Kombination seiner verschiedenen Funktionen auf uns wirken lassen. Childerich gewinnt die Machtkämpfe mit Burgunden und Westgoten, weil er, der Stammesfürst aus dem relativ kleinen salfränkischen Gebiet um Tournay, zugleich römische Militärmacht verkörpert, die gegen burgundische und vor allem westgotische Führungsbestrebungen am besten einsetzbar ist: weil er nämlich in der sich abzeichnenden Wende von römischem Götterkult zu christlichem Eingottglauben sozusagen „neutral" ist. Denn er gehört nicht zum „ketzerischen" Lager der christlichen Arianer (über das wir in der Promenade „Gretchenfrage" noch reden), sondern in die für Rom relativ harmlose „heidnische Ecke". Auch die immer mächtiger werdenden katholischen Bischöfe sahen das so; am Hofe des Heiden Childerich gibt es schon einflussreiche katholische Ratgeber. Childerich selbst freilich, „bleibt aus politischen Gründen dem heidnischen Glauben seines Stammes treu...: Dieses Heidentum sicherte nämlich der Dynastie ein Ansehen gleichsam göttlichen Ursprungs."[4]) Die Zeit muss noch reifen, bis Childerichs Sohn Chlodeweg (Chlodwig) zum katholischen Christentum übertritt, wie wir sehen werden.

So gewinnt die eingangs genannte Grabbeigabe eine hohe politische Bedeutung: die Attribute des fränkischen Fürsten, des römischen Generals und des heidnischen Göttersohnes vereinen sich zu einer Legitimation und zu einer Einflussballung, die kein Konkurrent aufzuweisen hat und auf der dann Chlodwig aufbauen kann, um die politische Karte im gallischen „Sechseck" entscheidend zu verändern.

Childerich stellt die Weichen für das, was folgt. Noch sind die Franken in zwei Gruppierungen unterteilt: In Nordgallien sitzen die Salfranken, formal dem römischen Heermeister Aegidius unterstellt. Als Aegidius vom römischen Schattenkaiser Livius Servus das Heermeisteramt zugunsten des Burgunderkönigs Gundoweck entzogen wird, wehrt Aegidius sich mit der Hilfe der Salfranken. Die Rheinfranken von Köln, Trier und Mainz halten es mit den Burgunden, zunächst wenigstens; die Grenze zwischen den salischen und den rheinischen Franken führt durch die Ardennen. In zeitgenössischen Quellen lesen wir von der „Silva Carbonaria", dem „Kohlenwald". Beim späteren Merowingerreich werden die Salfranken noch eine bedeutende Rolle spielen.

Childerich bleibt an der Seite des abgesetzten Aegidius. Er tritt mit ihm und später mit seinem Nachfolger Paulus an zum Kampf gegen die Westgoten, die er 463 und 469 bei Orléans schlägt und in das Gebiet südlich der Loire vertreibt. Die Loire selbst „säubert" er von sächsischen Piraten; mit rebellischen Alanen und Alamannen im Gebiet von Orléans gerät er aneinander. Wichtig für unseren Interessenbereich ist auch Childerichs hohes Militäramt in der immer noch bestehenden Provinz Belgia secunda mit Sitz in Reims!

Generell läßt sich festhalten: Salfränkischer Einfluss – wenn auch formal unter römischer Reichshoheit – breitet sich immer mehr nach Süden aus, und im Westen bis an weite Strecken des Laufs der Loire. – Über die östlichen Nachbarn, also Rheinfranken, Alamannen, Burgunden sowie über die Nachbarn südlich der Loire, nämlich die mächtigen Westgoten, berichten wir bei Chlodwig.

Childerich stirbt 482. Sein Sohn Chlodwig wird sein Nachfolger und fränkischer König. Er nutzt geschickt die Ausgangspositionen, die ihm sein Vater hinterlassen hat.

---

[1]) Hans K. Schulze, Vom Reich der Franken zum Land der Deutschen, Berlin 1998, S. 53

[2]) Eugen Ewig, Die Merowinger und das Frankenreich, Stuttgart/Berlin/Köln 1997, S. 17

[3]) Ewig, a.a.O., S. 10

[4]) Karl Ferdinand Werner, Die Ursprünge Frankreichs bis zum Jahr 1000, München 1995, S. 303

Kapitel 8: Chlodwig – um ihn dreht sich alles

Weit über 1000 Jahre nach Chlodwig erkundigt sich der Preußenkönig Friedrich II., als die Rede auf einen besonders tüchtigen Offizier kommt: „Hat er auch fortune?" Will heißen: Es genügt nicht, etwas zu können; es muss auch die nötige Portion gutes Gelingen hinzukommen, die „fortune" eben.

Der Merowinger Chlodwig ist ein frühes Beispiel für solch ein politisches Glückskind. Was er anpackt, das gelingt. Ob das die Heiratspolitik ist, die Konversion zum Christentum, das Taktieren mit Bündnissen und Freundschaften, das Feldherrnglück. Alles gelingt. Das Merowingerreich wird vom salfränkischen Kleinreich zur beherrschenden Macht im „Sechseck".

Hierzu vorbereitend noch eine Gesamtschau der Auflösung von römischen Reichsstrukturen, wie wir sie bei Eugen Ewig finden und die uns die große Umbruchsituation klarmacht, von der dann die jungen Germanenreiche profitieren:

„Als Chlodwig 482 die Nachfolge seines Vaters Childerich antrat, hatte sich die politische Einheit des lateinischen Abendlandes aufgelöst. Die Wandalen hatten in Afrika, die Sweben in Nordspanien, die Westgoten in Gallien südlich der Loire und Spanien, die Burgunden an der Rhône eigene Reiche gegründet, die sie mit Hilfe der Romani organisierten. In Italien hatte der von den barbarischen Truppen der letzten Kaiser zum König ausgerufene Skire Odowakar die noch intakte Zentralverwaltung des weströmischen Reiches zu Ravenna übernommen ..."[1])

In dieser zersplitterten und labilen Situation geht der junge Chlodwig mit äußerster Präzision und Systematik vor. Er weiß: Mächtigste Konkurrenten im gallischen Spiel sind die Westgoten, zwischen ihnen und den Salfranken liegt aber noch eine Art Pufferzone: eine Art römisches „Restreich" des Syagrius, Sohn des früher genannten Aegidius, dessen Besiedlung Soissons ein Vorrücken der Franken nach Süden, also auf die Westgoten zu, abriegelt. Damit sind die Positionen des Chlodwig klar: erst muss er einmal Ruhe im Norden und in der Mitte haben: bei Rheinfranken und Burgunden. Die Ruhe schafft er durch geschickte Heiratspolitik. Den Rheinfranken verbindet er sich durch Heirat oder Konkubinat – wie Gregor von Tours abwertend behauptet, um der späteren Ehe mit der christlichen Burgunderin Chrodichilde die größere Bedeutung zuzusprechen – mit einer rheinfränkischen Prinzessin. Das geschieht schon vor 486; der gemeinsame Sohn Theuderich steht schon 507 im fränkischen Kriegseinsatz. – Die rheinfränkische Liaison hat dann offenbar die Ehe mit der Burgunderin Chrodichilde – man nennt sie auch Clotilde – nicht belastet, welche vor 497 geschlossen wurde. Dazwischen – 493? – verheiratete Chlodwig seine Schwester Audofleda mit dem Westgoten Theoderich, um auf diesem Umweg die Burgunden ruhig halten zu können.

Unwillkürlich denkt man wieder über ein Jahrtausend weiter: an das sprichwörtliche „Tu, felix Austria, nube! – Du, glückliches Österreich, heirate!" – So ist denn die geschickte Heiratspolitik des Chlodwig ein wichtiger Stabilisierungsfaktor im brodelnden Kräftespiel der Römerdiadochen, deren mächtigste, wir sagten es schon, die Westgoten sind, schon durch ihre gehobene Lebensart und Kultur „etwas Besseres" als die Barbaren des Nordens.

Aber die Barbaren verstehen zu rechnen und zu taktieren. Zunächst richtet sich der Angriff auf Syagrius, den Herrn des römischen Pufferstaates um Soissons. Syagrius weicht dem Ansturm und tut das Dümmste, was er machen kann, er flieht zum Hofe der Westgoten nach Toulouse, wo jetzt Alarich II. herrscht. Dieser hat mit den Römern nichts mehr im Sinn und liefert den Syagrius an Chlodwig aus. Jetzt stehen sich Franken und Westgoten an der Loire direkt gegenüber; aber zur endgültigen Auseinandersetzung kommt es noch nicht. Chlodwig übernimmt kampflos das Herrschaftsgebiet des Syagrius; dem „gelernten Römer" Chlodwig macht das keine Probleme. Wir sind im Jahr 486. Reims gehört jetzt zum Herrschaftsbereich des Chlodwig.

Wir haben zu Beginn dieses Kapitels die „Lagebeurteilung" durch Eugen Ewig zitiert, die er sozusagen „von Süden nach Norden" reichsweit formuliert. Stellen wir diesem Zitat ein zweites an die Seite, das wir bei Karl Ferdinand Werner finden und das speziell die Lage in Gallien und Germanien beleuchtet. Wir dürfen ja nicht aus dem Auge verlieren, dass in diesem

Buche französisch-deutsche Geschichte erörtert werden soll, und die gibt es zu Chlodwigs Zeit noch nicht, es sei denn in der vornationalen Form der Stammesgeschehnisse in Gallien und Germanien. Werner schreibt hierzu: „Es schien sicher, dass Gallien über kurz oder lang den Westgoten zufallen musste, deren Machtbereich im Augenblick von der Loire im Norden und von Rhône und Durance im Osten begrenzt wurde. Die Kräfte, die dennoch zu erfolgreichem Widerstand imstande waren, verdienen erhöhte Aufmerksamkeit, weil sie während eines Jahrtausends (sic!) bleibende Bedeutung für die Geschichte Galliens und Frankreichs gespielt haben: Es handelt sich um die Burgunden, die Rheinfranken und um die Salfranken. Weil die Burgunden zu beiden Seiten des Alpenhauptkammes siedelten, war es ihnen bestimmt, in Italien, Gallien und auch Germanien eine wichtige Rolle zu spielen …"2)

Zurück zu Chlodwig: Wir müssen jetzt auf seinen großen Hofberichterstatter Gregor von Tours zu sprechen kommen. Von ihm wissen wir vieles über Chlodwig, seinen Umgang, seine Taten, manches verklärt oder zweckbestimmt, aber doch das meiste von Gewicht. Dabei will Gregor in der Gesamtanlage seiner insgesamt zehn Bücher nicht einmal nur das Lob der Merowinger, insbesondere Chlodwigs, besingen, sondern es kommt ihm auf das Walten Gottes in der ganzen Zeitgeschichte an, und dabei kommt dann natürlich die wundersame Bekehrungsgeschichte des Chlodwig nicht zu kurz. Das Wichtigste ist aber Gregors Zeugenschaft für die Salbung „mit dem heiligen Öl unter dem Zeichen des Kreuzes Christi". – Die Geschichte des geheimnisvollen Salböls, das mittels der „Sainte ampoule" auf die Erde herabschwebt, bei der Taufe Chlodwigs verwandt worden ist und die französische Krönungszeremonie in Reims begründet hat, ist späteren Ursprungs. Wir reden noch darüber, wenn wir die Reimser Krönungstradition besprechen. Die Konversion des Chlodwig vom Heidentum zum Christentum ist kein Mythos, sondern – sagen wir es positiv – eine wohlgelungene Mischung von persönlicher Überzeugung und politischem Kalkül. Gregor schildert den Vorgang.

Da lesen wir zuerst im Kapitel 29 des zweiten Buches eine Art Liebesgeschichte. Der Burgunderkönig Gundevech räumt, aus welchen Gründen auch immer, in seiner Familie gründlich auf, tötet seinen Sohn Chilperich mit dem Schwerte und ertränkt seine Gemahlin, verbannt seine Töchter Chrona – die muss Nonne werden – und Chrodichilde. Diese wird offenbar nicht gänzlich versteckt, sondern die Boten des Chlodwig entdecken sie, finden sie „schön und verständig" und empfehlen sie dem Chlodwig als Ehefrau. Der hält bei dem Burgunderkönig um sie an, bekommt das Jawort und alles geht gut: „Da er sie sah, fand er großes Wohlgefallen an ihr und nahm sie zur Ehe." So weit, so gut. Chlodwig hat seine Clotilde.

Nun kommt Remigius, der fromme Bischof von Reims, ins Spiel. Clotilde ist Christin, und was liegt näher, als dass Remigius über Clotilde die Schönheiten und hohen Werte des Christentums propagiert. Gregor von Tours legt Clotilde eine Predigt an Chlodwig in den Mund, wie sie keine Frau ihrem Ehemann halten würde; alle Kirchenväter werden da bemüht. Aber der kluge Chlodwig weiß ja selbst: Mit der eigenen göttlichen Abstammung, die noch sein Vater Childerich sich zugeschrieben hatte, ist gegen die arianischen Westgoten nichts mehr auszurichten. Eine neue, überlegene Ideologie muss her, und die will Chlodwig testen. – Der erste Test misslingt; der erste Sohn aus der Ehe mit Clotilde wird getauft und stirbt. Aber der zweite Sohn wird auch getauft und überlebt. Der Test steht 1:1. Dann kommt es zu einer Schlacht mit den Alamannen, und mitten im Hin und Her der Schlacht legt Gregor von Tours dem Chlodwig das Gebet in den Mund: „Jesus Christ, Clotilde sagt, du seist der Sohn des lebendigen Gottes, Hilfe sollst du den Bedrängten, Sieg denen geben, die auf dich hoffen – ich flehe dich demütig an um deinen mächtigen Beistand. Gewährst du mir jetzt den Sieg über diese Feinde und erfahre ich so jene Macht, die das Volk, das deinem Namen sich weiht, an dir erprobt zu haben rühmt, so will ich an dich glauben und mich taufen lassen auf deinen Namen."3)

Ein Mann, ein Wort. Chlodwig gewinnt die Schlacht und ist bereit, sich taufen zu lassen. Bischof Remigius von Reims übernimmt die Vorbereitung und Ausführung des Taufgeschehens.

Lassen wir hier wieder Gregor von Tours sprechen, der das ganze Geschehen sehr eindrucksvoll beschreibt:

„Der Bischof – Remigius – bestellte ihn – Chlodwig – im Geheimen zu sich und fing an, auf ihn einzudringen, er solle an den wahren Gott, den Schöpfer Himmels und der Erde glauben und den Götzen den Rücken wenden, die weder ihm noch anderen helfen könnten. Jener aber sprach: Gern würde ich, heiligster Vater, auf dich hören, aber eines macht mir noch Bedenken, das Volk, das mir anhängt, duldet nicht, dass ich seine Götter verlasse. Doch ich spreche zu ihm nach deinem Wort."[3])

Wie klug von Chlodwig! Er will die Anhänglichkeit seines Volkes, dem er göttliche Verehrung verdankt, in sein christliches Leben hinüberretten, und die Rechnung geht auf:

„Als er darauf mit den Seinigen zusammentrat, rief alles Volk zur selben Zeit, noch ehe er den Mund auftat, denn göttliche Macht kam ihm zuvor: Wir verlassen die sterblichen Götter, gnädiger König, und sind bereit zu folgen dem unsterblichen Gott, den Remigius verkündet! – Solches wurde dem Bischof gemeldet, und er befahl hocherfreut, die Taufe vorzubereiten. Mit bunten Decken wurden nun die Straßen behängt, mit weißen Vorhängen die Kirchen geschmückt, die Taufkirche in Ordnung gebracht, Wohlgerüche verbreiteten sich, es schimmerten hell die duftenden Kerzen, und das ganze Heiligtum über dem Taufbecken wurde von himmlischem Wohlgeruch erfüllt; und solche Gnade ließ Gott denen zuteil werden, die damals gegenwärtig waren, dass sie meinten, sie seien versetzt in die Wohlgerüche des Paradieses. Zuerst verlangte der König vom Bischof getauft zu werden. Er ging, ein neuer Constantin, zum Taufbade hin, sich rein zu waschen von dem alten Aussatz und sich von den schmutzigen Flecken, die er von alters her gehabt, in frischem Wasser zu reinigen. Als er aber zur Taufe hintrat, redete ihn der Heilige Gottes mit beredetem Munde also an: Beuge still deinen Nacken, Sicamber, verehre, was du verfolgtest, verfolge, was du verehrtest."[4])

Und Gregor schreibt wenig später: „Also bekannte der König den allmächtigen Gott als den dreieinigen, und ließ sich taufen im Namen des Vaters und des Sohnes und des heiligen Geistes, und wurde gesalbt mit dem heiligen Öl unter dem Zeichen des Kreuzes Christi. Von seinem Heer wurden aber getauft mehr als dreitausend."[5])

Nun denke keiner, Clodwig sei durch die Taufe zum Tugendbold geworden. Die Taufe wird auf die Jahre 497 bis 499 datiert; das Jahr 498 gilt den meisten Forschern als das wahrscheinliche. Clodwig ist gut 30 Jahre alt und hat noch viel vor sich, auch Kämpfe und grausame Exekutionen. Gregor von Tours sieht das von der Taufe an unter veränderten Vorzeichen.

Wir kommen nicht umhin, nun in einer ersten „Promenade" diese „Vorzeichen" zu beschreiben. Es geht dabei um die Essenz der christlichen Lehre. Es geht aber auch um die Verquickung von Politik und Religion.

---

1) Eugen Ewig, Die Merowinger und das Frankenreich, Stuttgart/Berlin/Köln 1997, S. 18
2) Karl Ferdinand Werner, Die Ursprünge Frankreichs bis zum Jahr 1000, München 1995, S. 307
3) Gregor von Tours, Fränkische Geschichte 1, übers. v. Giesebrecht, Essen/Stuttgart 1988, S. 143
4) Gregor von Tours, a.a.O., S. 144
5) A.a.O., S. 145

Promenade 1: Die Gretchenfrage

„Wie hältst du's mit der Religion?" fragt Gretchen den Faust, als nähere Beziehungen zwischen ihnen angebahnt werden. – Bei der Ankunft unserer Reisegruppe in Reims brauchen wir diese Frage nicht zu stellen. Die Fassade der Kathedrale, auf die wir bei der Einfahrt in die Stadt gleichsam „mit aller Wucht draufprallen", spricht eine beredte Sprache. Schon der erste Blick belehrt: Katholischer kann man nicht sein. Christusglaube und Marienkult sind so demonstrativ dokumentiert, dass kein Zweifel möglich ist.

Das ist nun aber für die „Chlodwigstadt" Reims nicht selbstverständlich. Zwar ist zur Zeit der Taufe Chlodwigs Reims schon christlich beeinflusst und Bischofsstadt seit mehr als hundert Jahren, doch die breite Dominanz des Christentums über ein polytheistisches Heidentum ist noch nicht Realität, die Verschmelzung der christlich gewordenen Galloromer mit den heidnischen Franken steht noch bevor. So ist die Taufe Chlodwigs nicht nur eine Frage seines eigenen Bekenntnisses; sie ist ein hochpolitischer Vorgang, für den Alternativen zur Verfügung stehen. Da gibt es einmal die Alternative: Christlich oder Nichtchristlich? Und da gibt es, wenn denn christlich, die Alternative: Katholisch oder Arianisch? Das ist hier mehr als theologische Haarspalterei, das ist weltpolitische Weichenstellung! Wieso?

Der Kampf gegen Rom ist praktisch entschieden, entschieden im Wesentlichen durch Umkehr der Unterwerfung in Unterwanderung und Vermischung. Rom scheint ausgespielt zu haben. Aber ist das wirklich so?

Was ist übrig von Rom im 5. nachchristlichen Jahrhundert? Ist das noch der Staat? Oder sind dies andere Kräfte? Die Kirche etwa? Der Papst und die Bischöfe? Die Vandalen in Nordafrika, die Ostgoten in Italien, die Westgoten in Spanien und im Südwesten Galliens, die Burgunder im Südosten Galliens? Ist römische Macht nicht abgewandert nach Ostrom mit dem Machtzentrum Konstantinopel? Und wie spielen hier Religion und Konfession hinein?

Man muss wissen, dass die Goten und Burgunder zwar christlich geworden waren, aber dem arianischen Bekenntnis nachgingen, welches die Göttlichkeit Jesu Christi nicht anerkannte. Für die Anhänger des Arius (260 – 336) war Jesus nur ein Geschöpf, zwar das erste und vollkommenste, aber nicht Gottes Sohn. Das Konzil von Nicäa (325) hat dies als Irrlehre verworfen und bekannt, dass Jesus Christus „wahrer Gott vom wahren Gott, gezeugt nicht geschaffen, eines Wesens mit dem Vater" ist. So bekennen ja wir Christen es auch heute noch in unserem christlichen Glaubensbekenntnis.

Und nun wieder zu Chlodwig. Wir wissen nicht, was ihm der theologische Diskurs bedeutete. Nehmen wir einmal an, er wollte weg vom heidnischen Vielgötterglauben und zum christlichen Eingottglauben, dann sehen wir ihn im Einfluss-Spiel zwischen seiner orthodox-katholischen Frau Clotilde und seinen arianischen Verwandten, die am Hof Einfluss hatten. Wir sehen ihn aber auch im Interessenspiel zwischen seiner römischen und germanischen Umgebung. Wir wissen nicht, was Chlodwig letztendlich zur katholischen Taufe geführt hat, wir können aber vermuten, dass es die Zuneigung zu seiner Frau Clotilde, die Zusammenarbeit mit dem machtstützenden katholischen Episkopat und die Legitimation zum Angriff auf die arianischen Westgoten war. Dieser Angriff war ja dann politisch auch erfolgreich und die Basis für die überregionale Ausbreitung des merowingischen Frankenreichs.

Über die Gewichtung dieser Motive haben wir heute nicht zu rechten, auch nicht über die moralische Qualität eines Religionswechsels. Wir dürfen aber konstatieren, dass die Taufe des Chlodwig in Reims durch Bischof Remigius die Basis war für die religiöse Ausrichtung des Frankenreiches mit unabsehbaren Auswirkungen für die Zukunft. Karl der Große ist ohne die katholische Taufe des Chlodwig durch Bischof Remigius in Reims nicht denkbar.

Frage: Wie sähe dein und mein Christentum heute aus, wenn Chlodwig 498 Arianer geworden wäre? Die Taufformel des Remigius, mehrfach wiederholt bei Gregor von Tours in seinen „Gesta Francorum", ist immer wieder: „Ich taufe dich im Namen des Vaters und des Sohnes und des Heiligen Geistes." Das bedeutet: Ja zur Göttlichkeit und Menschlichkeit Jesu, Ja zur Trinität, Ja zur göttlichen Dreieinigkeit.

Erstaunlich, dass dieser für das Frankenreich, für das spätere Deutsche Reich und ganz besonders für das französische Königtum konstitutive Vorgang, nämlich die Taufe Chlodwigs, in einem Land geschah, das sich über ein Jahrtausend später dem Laizismus, der strengen Trennung von Kirche und Staat, verschrieb und daher in der Europäischen Verfassung Probleme hat mit dem „Gottesbezug"!

Jacques Le Goff leistet hier einen Beitrag, wenn er in einem berühmt gewordenen Interview anlässlich des Besuches von Papst Johannes Paul II. in Reims 1996 auf die Frage „Heide, der Chlodwig war, hätte er auch zum Arianismus konvertieren können. Warum ist die Wahl des Katholizismus so ausschlaggebend?" Folgendes sagt: „Die Ablehnung des Arianismus ist nicht unerheblich. Zu der Zeit sind benachbarte Königreiche arianisch. Nun ist der Arianismus, der die drei Wesen der Trinität, Vater, Sohn und Heiligen Geist, in einer Rangfolge bringt, vor allem eine Religion, die zu einer völligen Vermischung von Kirche und Staat führt. Sie führt also notwendig in den Totalitarismus. Im Christentum dagegen gibt es das berühmte Wort: ‚Gebt dem Kaiser, was des Kaisers ist und Gott, was Gottes ist!' Mit seiner Wahl des Katholizismus hat Chlodwig es ermöglicht, das sich dieses laizistische Prinzip der Trennung von Kirche und Staat entwickelt."[1])

Ist das zutreffend? Ist das nur spitzfindig? Ich habe den Begriff „Laizismus" bislang mit

Taufe Chlodwigs durch Remigius: Auf diesem modernen Denkmal hinter Saint-Remi sieht Chlodwig nicht sehr glücklich aus. Er scheint nachzudenken: Was kommt da wohl in Bewegung?

geistigen Strömungen im 18. Jahrhundert, insbesondere mit der Revolution in Zusammenhang gebracht und nie in Chlodwig seinen Wegbereiter gesehen. Aber ich wage dem berühmten Geschichtsprofessor und leidenschaftlichen Laizisten Le Goff natürlich nicht zu widersprechen.

Nehmen wir nun unseren historischen Durchgang wieder auf.

---

[1]) Jacques Le Goff, Reims, Krönungsstadt, Berlin 1997, S. 107 f.

Kapitel 9: Noch einmal Chlodwig – das Großreich entsteht.

Wir haben an früherer Stelle die Machtverteilung im gallischen Hexagon und im germanischen Westen betrachtet und wollen nun sehen, mit welcher atemberaubenden Geschwindigkeit sich die Verhältnisse unter Chlodwig ändern. Es ist dabei schwer zu entscheiden, wo geniales Kalkül aufhört und glücklicher Zufall anfängt; es kommt wohl beides zusammen, die „fortune" eben, die Fähigkeit, Chancen kühn zu nutzen.

Erinnern wir uns: In erster Ehe – Gregor von Tours bezeichnet sie als Konkubinat – war Chlodwig mit einer fränkischen Prinzessin verbunden. Dieser Verbindung entstammte ein Sohn: Theuderich. Dieser wird einmal über die Rheinfranken herrschen und seinen Königssitz in Köln haben.

Zwischen den Salfranken Chlodwigs und den Rheinfranken unter Sigebert bestehen gute Beziehungen. Als die Rheinfranken sich gegen die sie von Süden bedrängenden Alamannen wehren, kommt Chlodwig ihnen zu Hilfe und entscheidet 497 in der Schlacht bei Zülpich den Machtkampf zugunsten der fränkischen Allianz. Dies ist wohl die Schlacht, in der Chlodwig den Übertritt zum Christentum gelobt. – Das Ansehen Chlodwigs bei den Rheinfranken ist groß, und die Allianz wird zur Einheit, als die Rheinfranken nach dem Tod Sigiberts 509 Chlodwig auch zu ihrem König machen. Damit ist die „fränkische Frage" gelöst. Köln und Trier sind wie Paris und Reims Städte eines Reiches. Der noch stille Flecken Aachen – „Aquae Granni"? – liegt mittendrin.

Damit ist die Reichsbildung aber noch nicht abgeschlossen. Die Alamannen sind zwar auf der rechten Rheinseite nach Süden abgedrängt worden; ihre Reste werden aber durch die Ostgoten unter Theoderich d. Gr. geschützt. Es muss dann nach 500 noch Auseinandersetzungen gegeben haben; von einer Schlacht um 502 ist die Rede. Danach behauptet sich Alamannien nur noch als Volksstamm, nicht mehr als politisches Gebilde. Die Verschmelzungskraft der Franken bewährt sich auch hier; endgültig übernimmt der Merowingerstaat unter Chlodwigs Nachfolgern durch Vertrag mit den Ostgoten die Hoheit über den letzten Rest Alamanniens in den Jahren 535 – 537. Nun bleiben im Hexagon noch die Westgoten und die Burgunden als Rivalen der Franken. Hier bewährt sich wieder das große Geschick Chlodwigs, gegnerische Kräfte aufzuspalten und einen Teil mit der Hilfe des anderen zu bekämpfen. So verbündet er sich mit den Burgunden und zieht mit ihrer Hilfe gegen die Westgoten. Es kommt zur Schlacht bei Vouillé im Jahre 507. Der Westgotenkönig Alarich II. fällt, die Westgoten werden bis zu den Pyrenäen zurückgedrängt und verstärken ihren Einfluss auf der spanischen Halbinsel. Dort herrschen die Westgoten bis zum Sieg der Araber im Jahre 771.

Das Reich der Burgunden besteht bis zum Jahr 534. Chlodwigs Nachfolger gewinnen 532 die Schlacht bei Autun und vollenden das Werk Chlodwigs: Das ganze Hexagon, das linksrheinische Germanien und weite Teile Germaniens auf der rechten Rheinseite bilden das Frankenreich unter Chlodwig und seinen Söhnen. Eine Kartenseite im dtv-Atlas der Weltgeschichte macht diese rasante Expansion des Frankenreiches deutlich; sie ist hier auf S. 64 wiedergegeben.[1])

Wir sind hier manchmal schon in die Nachfolge Chlodwigs hineingeraten, müssen aber festhalten, dass das gesamte Konzept von Chlodwig selbst stammte, dass er der eigentliche Reichsschöpfer war, aufbauend auf Vater Childerich, konsequent verstanden und fortgeführt von seinen Söhnen. Wir sahen, wie Römisches sich mit Fränkischem verband, in Symbiose, nicht in Kontroverse. Die mächtigsten Gegenspieler im Hexagon, die Westgoten, wollten und pflegten keine Vermischung, sie wollten Elite sein und bleiben. Hierin und in der Bindung an den Arianismus lag ihre Schwäche. Die Franken unter Chlodwig hingegen begründeten den neuen abendländischen Stil: Völkergemeinschaft, aufbauend auf römischer Ordnung, geeint durch das Christentum orthodox-katholischer Prägung. Schon zu seiner Zeit ist Chlodwig so verstanden und geehrt worden. Gegen Ende seines Lebens erwartet ihn in Tours eine kaiserliche Gesandtschaft aus Konstantinopel. Sie überbringt ihm den Ornat „eines von Konstantinopel offiziell anerkannten Königs (rex) und die Ernennungsurkunde zum Konsul ehrenhalber. Der Frankenherrscher war sich über die Bedeutung dieser Legitimation völlig im Klaren und ließ nach römischer Sitte Geldmünzen unter das Volk werfen. Nach der Rückkehr an die Seine machte Chlodwig Paris zur cathedra regni, zur Hauptstadt nach römischem Muster, wozu er ja jetzt das Recht hatte. Er war zum legitimen dominus (Herr) geworden, auch für seine römischen Untertanen. Es stand ihm nun zu, eine Synode der Bischöfe seines Reichs einzuberufen, und er tat dies 511 zu Orléans, im Jahr seines Todes. Auf dieser Synode wurde er als der von Gott dem katholischen Gallien gesandte König begrüßt..."[2])

Wahrlich, Remigius hatte eine glückliche Hand, als er 498 in Reims den Heiden Chlodwig durch die Taufe zum Christen machte und damit Reims als künftige Krönungsstadt legitimierte!

---

[1]) dtv – Atlas zur Weltgeschichte, München 2000, S. 120

[2]) K. F. Werner, Die Ursprünge Frankreichs bis zum Jahre 1000, München 1995, S. 328

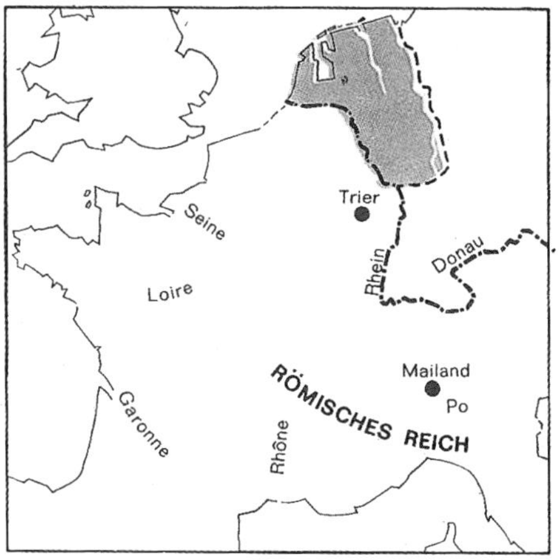

Stammessitze der Franken um 260

Franken als Föderaten in Nordbrabant 358

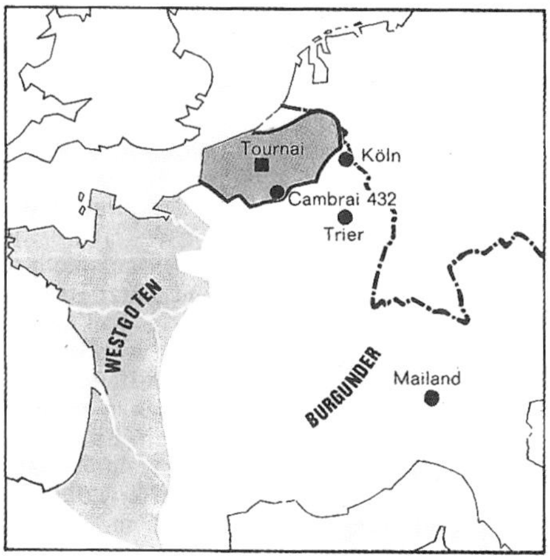

Gebiet der Franken um 460

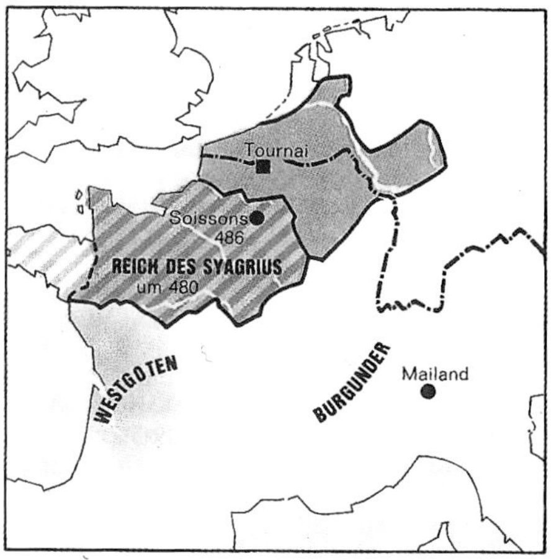

Reiche der Franken und Reich des Syagrius um 480

Reich Chlodwigs

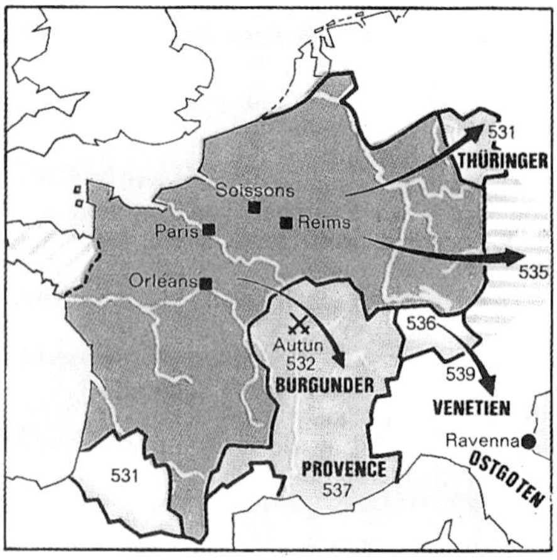

Die Reiche unter Chlodwigs Söhnen

Die Karten zeigen die Entwicklung des Frankenreichs von den Anfängen um 250 über Syagrius und Chlodwig, die Teilung unter Chlodwigs Söhnen, das Reich Karls des Großen und die Stufen der endgültigen Reichsteilung bis 880.

Quelle: dtv-Atlas der Weltgeschichte

Das Reich Karls des Großen

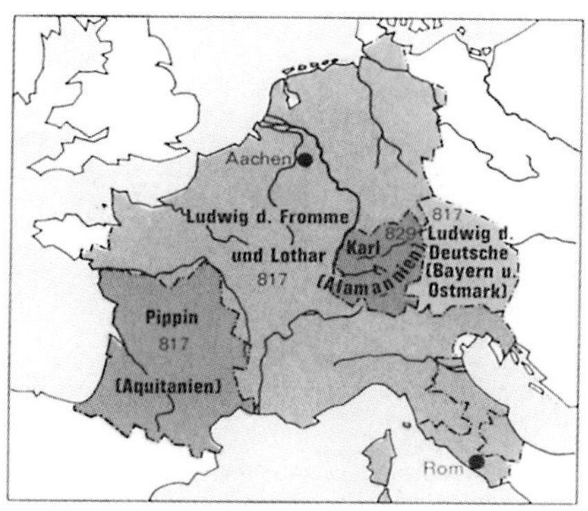

Das Frankenreich 829

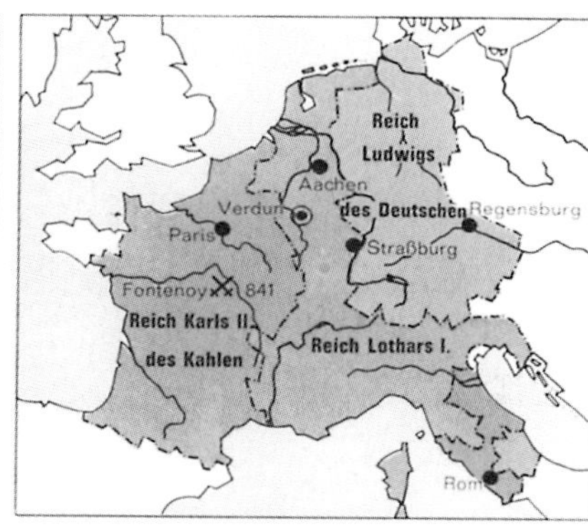

Der Vertrag von Verdun 843

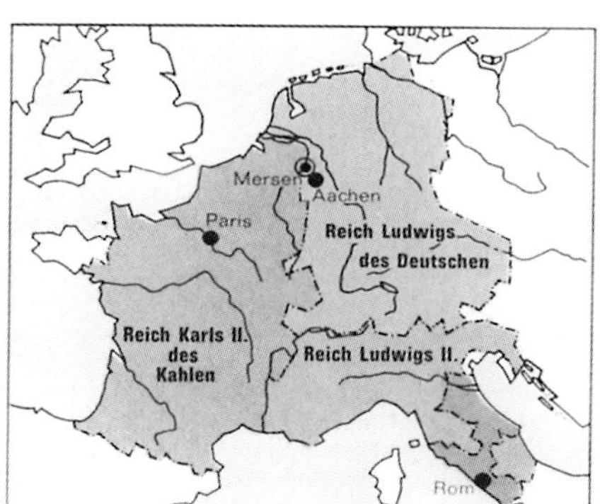

Der Vertrag von Mersen 870

Der Vertrag von Ribemont 880

2. Abteilung: „Teilung des Reiches“

Wie das Frankenreich vorübergehend zerfällt und Aachen und Reims zu getrennten Reichen gehören:

- Westfranken, aus dem später Frankreich wird,
- Ostfranken, aus dem später Deutschland wird.

Wie aber dann unter Karl dem Großen alles noch einmal vereint und abendländisches Kaisertum proklamiert wird, ehe

- unter den Karlsenkeln das Reich endgültig zerbricht und
- Ansätze künftiger Nationalstaaten immer deutlicher werden.

Kapitel 10: Reichsteilung – miteinander oder gegeneinander?

Chlodwig stirbt 511 in Paris. Das Reich wird unter seinen vier Söhnen aufgeteilt, aber nicht so, dass nun jeder dieser vier ein eigenes, absolut selbstständiges Königreich erhielte, sondern mehr im Sinne einer Reichsgemeinschaft, die von vier „Erben" verwaltet wird. Nachfolger Chlodwigs im ehemaligen Rheinfranken mit der Hauptstadt Köln wird der älteste Sohn Theuderich I. aus der Verbindung Chlodwigs mit einer rheinfränkischen Prinzessin; das Gebiet Rheinfrankens wird ausdrücklich nach Westen erweitert, um Theuderich die Möglichkeit zu geben, in Reims zu residieren. Er sitzt also nahe bei den Residenzen seiner drei Halbbrüder aus der Ehe Chlodwigs mit Clotilde: Childebert I. residiert in Paris, Chlodomer in Orléans, Chlothar I. in Soissons.

Karl Ferdinand Werner schreibt hierzu: „Dies ist das Gegenteil eines fehlenden Reichsbewusstseins, man demonstrierte das Alleinrecht der Söhne Chlodwigs auf die Herrschaft im fränkischen Machtbereich und betonte damit zugleich den Anspruch der Merowingerdynastie, schließlich zeigte man den Willen zur Einheit und Zusammenarbeit durch die Wahl benachbarter Hauptstädte. Die Teilung mochte unter dem Gesichtspunkt einer leistungsfähigen Verwaltung des ausgedehnten Reiches notwendig sein und erschien wohl geboten aus Rücksicht auf die Autonomie Rheinfrankens. Trotzdem lag die Einheit des Ganzen im offensichtlichen Interesse des Herrscherhauses und kam in der Reichsbezeichnung Regnum Francorum zum Ausdruck. Im Unterschied zu den Karolingern fühlten sich die Angehörigen der ersten fränkischen Königsdynastie nicht dazu berechtigt, in ihrem Titel auch die Namen anderer Völker zu führen. Jeder Merowingerkönig war rex Francorum."[1)]

Das ist ein sehr wichtiger Hinweis. Wir machen ihn uns zu eigen und brauchen uns dann nicht mehr viele Gedanken um das folgende Hin und Her der merowingischen Erbfolgen und neuen Aufteilungen zu machen. Die Einheit des Reichsgedankens hält durch, zunächst über mehr als 200 Jahre bis zur Absetzung des letzten merowingischen Schattenkönigs Childerich III.

durch Pipin im Jahre 751. Über diese „Stunde der Karolinger" werden wir natürlich noch sprechen.

Eines sei hier noch erwähnt: Dreimal in der Zeit nach Chlodwig kommt das Reich wieder in eine Hand; nach Aussterben der Linien Theuderich, Chlodomer und Childebert – auf welche Art und mit welchen Mitteln auch immer – erbt Chlotar I. 558 alle Reichsteile; nach seinem Tod 561 kommen seine vier Söhne an die Regierung. Eine erneute Trennung ist die Folge, bis Dagobert I. 623 Alleinherrscher wird. Nach seinem Tod 639 verzweigen sich die Linien erneut, um dann 737 bei dem schwachen Childerich III. wieder zusammenzufließen, der, wie schon gesagt, 751 von dem Karolinger Pippin entthront wird.

Ein Zweites: Die Mittel der Auseinandersetzungen sind nicht mehr so sehr kriegerischer Art. Es findet vielmehr – sozusagen „en famille" – eine gewaltsame Beeinflussung der Erbfolge statt, und zwar durch gezielte und genau berechnete Ermordung von Prätendenten. Gregor von Tours schildert dies in vielen Fällen, übrigens erstaunlicherweise ohne jede moralische Entrüstung. Ein besonders bizarres Beispiel sei hier erzählt, mit Gregors eigenen Worten:

„Als aber die Königin Crodichilde (Clotilde) zu Paris sich aufhielt, bemerkte Childebert, dass seine Mutter mit besonderer Zärtlichkeit an den Söhnen Clodomers hing... Da wurde er neidisch und fürchtete, sie möchten durch die Gunst seiner Mutter zum Thron gelangen. Deshalb schickte er heimlich Boten zu seinem Bruder, König Chlothachar (Clothar) und sprach: ‚Unsere Mutter lässt die Söhne unseres Bruders nicht von sich und will ihnen die Herrschaft geben; komm also schnell nach Paris, denn wir müssen Rat miteinander halten und erwägen, was mit ihnen geschehen soll, ob wir ihnen die Locken abschneiden und sie so zu dem anderen gewöhnlichen Volk gleichmachen, oder ob wir sie lieber töten und das Reich unseres Bruders zu gleichen Teilen unter uns teilen.' – Über solche Rede hocherfreut (sic!) kam Chlothachar nach Paris. Doch Childebert breitete unter der Menge das Gerücht aus, er und sein Bruder seien zusammengekommen, dass sie jene Kinder auf den Thron erhöben, und sie schickten vereint zu ihrer Mutter, die sich damals in Paris aufhielt, und sprachen: ‚Schicke uns die Kinder, dass wir sie auf den Thron erheben.' – Da freute sich jene sehr, denn sie durchschaute nicht ihre Hinterlist. Und sie gab den Boten Speise und Trank, entsandte die Kinder und sprach zu ihnen: ‚Dann will ich glauben, meinen Sohn nicht verloren zu haben, wenn ich euch in sein Reich eingesetzt sehe.' – Da sie aber fortgingen, wurden sie sofort ergriffen und von ihren Dienern und Erziehern getrennt."

Dann wird ein Helfershelfer, Arcadius, mit Schere und Schwert zur Königin Clotilde geschickt; er fragt sie, ob dem Knaben die Locken geschoren – d. h. ob sie der Königswürde beraubt – oder ob sie getötet werden sollen. Er entlockt der völlig entgeisterten Königin den Spruch: „Lieber getötet als geschoren!" und liefert damit den beiden Königen den Vorwand, die Knaben umzubringen, was auf's grausamste geschieht. Auch die Diener und Erzieher werden getötet. „Und als sie so alle getötet, bestieg Chlothachar sein Pferd und zog von dannen. Der Mord seiner Neffen ging ihm wenig zu Herzen."[2]

---

1) Karl F. Werner, Die Ursprünge Frankreichs bis zum Jahre 1000, München 1995, S. 34 f.

2) Gregor von Tours, Fränkische Geschichte 1, übers. v. Giesebrecht, Essen/Stuttgart 1988, S. 195 ff.

Kapitel 11: Die Machtübernahme durch Pippin

Einhard, der Hofgenosse und Biograph Karls des Großen, beginnt seine berühmte Vita Karoli Magni mit folgenden Worten: „Das Geschlecht der Merowinger, aus dem die Franken sich ihre Könige zu wählen pflegten, dauerte bis zu König Childerich, der auf Befehl des römischen Bischofs (gemeint ist der Papst) abgesetzt, geschoren und ins Kloster geschickt wurde. Aber obwohl es erst mit ihm ausgestorben ist, so war es doch längst ohne alle Lebenskraft und hatte außer dem eitlen Königstitel nichts Ruhmvolles mehr, denn die Macht und die Regierungsgewalt waren in den Händen der Pfalzvorsteher, welche Hausmeier hießen und denen die ganze Herrschaft oblag."1)

Pfalzvorsteher, Hausmeier – wer war das? „Major domus" – Vorsteher des Hauses, daraus abgeleitet „Hausmeier", das war der, der Ordnung hielt im Haus, der dem Personal vorstand, der mit und mit immer unentbehrlicher wurde und dem immer mehr „aufgepackt" wurde. Das aber bedeutete wachsende Macht. Hans K. Schulze beschreibt das so: „... dem Major domus oblag ursprünglich nur die Aufsicht über das Hofgesinde und die königliche Hofhaltung, doch erweiterten sich seine Befugnisse um die Oberaufsicht über das Königsgut, die Krondomänen, und um den Oberbefehl über die Angehörigen der königlichen Leibwache. Auch Aufgaben in der allgemeinen Reichsverwaltung wuchsen ihm zu, so dass er zum Stellvertreter des Herrschers und bei Minderjährigkeit oder Führungsschwäche des Königs zur politisch dominanten Figur werden konnte. Das Amt war also für die fränkischen Großen begehrenswert. Seine Inhaber kamen im Allgemeinen aus der Aristokratie und verfügten selbst über Großgrundbesitz, zahlreiche abhängige Leute und eine kriegerische Gefolgschaft..."2)

Hier wird also eine Entwicklung vom Hausmeister zum Regierungschef deutlich, dessen Macht die des Königs überholt; man denkt unwillkürlich an moderne Unternehmen, bei denen vielfach die Macht der Manager größer ist als die der Eigentümer. – Nun wollen wir hier nicht die ganze Geschichte der Hausmeier im Frankenreich aufrollen, sondern nur den Übergang der

Hausmeier in das Königtum beschreiben. Hierzu genügt die Bekanntschaft mit den Hausmeiern, die unmittelbar zum Königtum der Karolinger überleiten; das sind die Arnulfinger und Pippiniden.

Sie heißen so, weil an ihrem Anfang zwei Personen stehen: Arnulf, Bischof von Metz, und Pippin der Ältere. Ihr gemeinsamer Enkel ist Pippin der Mittlere; dessen Sohn ist Karl Martell, der sagenhafte Kämpfer gegen die Araber, dessen Sohn wiederum Pippin der Jüngere, Hausmeier 741 – 751, ab 751 König, der Vater Karls des Großen.

Die Zeit dieser Hausmeier umfasst etwa die Spanne von 614 bis 751. In dieser Spanne geschah Wesentliches: Der Ansturm der Araber gegen Europa wurde gestoppt, die Christianisierung des Frankenreiches machte große Fortschritte. Über beides müssen wir sprechen; denn ohne diese Ereignisse wären wir nicht, wie wir sind.

Die Berichte über die Abwehr der Araber konzentrieren sich meist auf die Schlacht bei Tours und Poitiers im Jahr 732. In Wirklichkeit war der Vorgang viel komplexer. – Die Araber hatten „unter den Nachfolgern des Propheten (Mohammed) in einem atemberaubenden Sturmangriff Syrien, Mesopotamien, Persien, Armenien und Ägypten erobert und stießen auch nach Westen im nordafrikanischen Raum über Tripolis und Tunis an die Meerenge von Gibraltar vor, an der sich Afrika und Europa so nahe kommen wie Asien und Europa am Bosporus."[3]) Man muss das also als gewaltigen Zangenangriff verstehen, angelegt zur Eroberung Europas von Osten und Westen. Im Osten soll die Eroberung Konstantinopels den Weg nach Europa öffnen. Doch die oströmische Metropole trotzt den Belagerungen und versperrt den Sprung über den Bosporus nach Griechenland. Im Westen jedoch gelingt dem Feldherrn Tarik bei Gibraltar (Dschebel-el-Tarik) dieser Sprung auf europäisches Festland. Das Westgotenreich in Spanien wird besiegt, ein Heer unter dem Feldherrn Abd-Ar-Rahman überquert die Pyrenäen und operiert in Südfrankreich, in Aquitanien, erobert Bordeaux und Poitiers, marschiert weiter nach Tours. Karl Martell wirft sich ihm mit einem starken fränkischen Heer entgegen und besiegt ihn zwischen Tours und Poitiers 732. Abd-Ar-Rahman fällt, das Heer der Araber flieht. Karl Martell kann die Fliehenden nicht verfolgen, seine Fußtruppen sind zu langsam. Aber der

Ansturm der Araber ist gebrochen, nach Folgeschlachten, die Karl Martell ebenfalls gewinnt, ziehen sich die Araber nach Spanien zurück, wo sie noch über die Jahrhunderte herrschen, bis sie die spanische Reconquista, 1492 abgeschlossen, auch aus Spanien vertreibt.

Nun kann das übliche Was-wäre-wenn-Spiel beginnen. Was wäre, wenn Karl Martell die Araber 732 nicht entscheidend geschlagen hätte? Hans K. Schulze sieht das so:

„Die Prognose für das Frankenreich war düster ... Kein Zweifel, einem konzentrierten arabischen Angriff wäre es wohl erlegen, denn diesseits des großen Sperr-Riegels der Pyrenäen gab es kein Bollwerk mehr wie im Osten Konstantinopel. Man mag sich ausmalen, was im Bereich des Möglichen lag. Statt christlicher Kirchen: Moscheen und Minarette; Kalifate und Emirate statt Herzogtümern und Grafschaften; ein arabisch-romanischer Lebens- und Kulturkreis im westlichen und südlichen Europa. Jenseits von Rhein und Donau aber die germanischen und slawischen Stämme, eine halbbarbarische, in urtümlichen Lebens- und Denkformen verharrende archaische Welt. Es hätte weder eine abendländisch-christliche Kultur gegeben noch ein Europa, von dem aus die Weltgeschichte ihren Anfang nehmen konnte."[4)]

Das sind große Worte, und sie müssen nicht pessimistisch aufgefasst werden. Immerhin hat die Araberherrschaft in Spanien in der Symbiose von Muslimen mit Christen und Juden großartige kulturelle Leistungen vollbracht; aber hierin hat Schulze Recht: Bei einem Vordringen der Araber in Europa wäre die Weltgeschichte anders verlaufen.

Wenn wir also den Lauf der Dinge parteiisch sehen, dann gilt ohne Frage: Das Frankenreich hat Karl Martell Großes zu verdanken. Martell bedeutet „Hammer". Das klingt grob, nicht unbedingt geistig. Aber ohne Karl Martells Sieg im Jahr 732 hätte um 800 vielleicht der Kalif Harun-al-Raschid über Europa geherrscht, nicht Karl der Große, und eine Städtepartnerschaft Aachen – Reims würde es wohl nicht geben!

Kommen wir nun zurück auf die wachsende Bedeutung der Hausmeier, und fragen wir uns, warum sie nicht lange vor Karl Martell und Pippin nach der Königskrone gegriffen haben. Maßgeblich hierfür war wohl das schon seit Chlodwigs Taufe und Salbung im König verkörperte Gottesgnadentum, das nicht angetastet werden durfte, es sei denn auf einem legalen Umweg. Diesen versucht der Hausmeier Grimoald, als er den König Sigibert III., der zunächst kinderlos war, veranlasste, seinen Sohn zu adoptieren. Der Hausmeierssohn wurde so in die Sippe der Merowinger aufgenommen und konnte 660 als „Childebert der Adoptierte" den Thron von Austrien besteigen; nach zwei Jahren wurde er jedoch von neustrischen Gegnern umgebracht, und ein neustrischer Merowinger übernahm auch den austrischen Thron. Man sieht, die Merowinger blieben Könige, so lange es ging.

751 ging es dann nicht mehr.

Karl Martells Nachfolger Pippin schickte Bischof Burchard von Würzburg und Abt Fulrad von Saint-Denis nach Rom zum Papst Zacharias mit der Frage: Wer im Frankenreich als König herrschen solle, der Träger des Königsnamens ohne Gewalt, oder der wahre Ausüber der Königsgewalt ohne Königsnamen? Der Papst antwortet, wie erwartet und gewünscht: Es sei besser, den auch König zu nennen, der die Gewalt ausübe; in der göttlichen Weltordnung müsse alles seinen ihm gemäßen Platz haben. Ein machtloser König störe diese Ordnung „von oben nach unten".

Nach Rückkehr der Delegation aus Rom traten die Franken am Weihnachtstage 751 zu einer Reichsversammlung zusammen und erhoben Pippin zum König. Childerich III. wurde geschoren und ins Kloster geschickt.

Dann geschieht etwas Interessantes. Pippin ist mit der Wahl – nach alter Sitte wohl durch Akklamation – nicht zufrieden und besteht auf einer Königssalbung durch fränkische Bischöfe. Die göttliche Legitimation der Merowingerkönige soll auf Pippin übertragen werden.

Ist das etwa ein Rückgriff auf Vorbilder des Alten Testaments, auf die Salbung der Könige Saul, David, Salomon durch die Priester? Oder spielt das Wissen um die Salbung Chlodwigs bei seiner Taufe eine Rolle? Eines ist gewiss: Pippin will als gesalbter König seine Würde von Gott selbst empfangen, nur hierdurch wird er dem Merowinger gleichwertig.

Hans K. Schulze schreibt hierzu: „Pippin erschien als der neue David, der an die Stelle des von Gott verworfenen Saul trat, wie er selbst an den Platz des Merowingers Childerich. Das junge karolingische Königtum der Franken wurde in feierlicher Form an das Königtum des Alten Bundes angeschlossen und gewann eine unerhörte, weil in der biblischen Tradition selbst wurzelnde Sakralität. Der König wurde zum Gesalbten des Herrn, zum Christus Domini. Die Königssalbung fand allmählich Eingang in das Zeremoniell der europäischen Königserhebung..."[4)]

Das ist eine wichtige Bemerkung zu unserer späteren Betrachtung der Krönungsstädte Reims und Aachen. Auch das Folgende gehört in diesen Zusammenhang:

Nach der Königssalbung 751 in Soissons kommt es 754 zum ersten Zug eines römischen Papstes über die Alpen. Der Nachfolger des Zacharias, der Pippins Königshaus legitimierte, Papst Stephan II., ist in Bedrängnis. In Italien streben die Langobarden nach Ravenna und Rom. Die Schutzmacht Roms, das byzantinische Kaisertum, greift nicht ein, und der Papst sucht einen neuen Beschützer. Nur der Frankenkönig kommt hierfür in Frage. Ihn trifft Stephan 754 in Saint-Denis.

Ein Wechselbad von Devotion und Macht findet statt. Pippin geht dem Papst entgegen und führt demütig sein Pferd zur Königspfalz in Ponthion. Der König ehrt den Pontifex. Am nächsten Tag wandelt sich das Bild: Der Pontifex bittet kniefällig den König um Hilfe gegen die Langobarden. Pippin sagt die Hilfe zu. Das historische Bündnis zwischen Papst und Frankenkönig steht und wird konkret erfüllt: Die „Pippinische Schenkung" garantiert 754 dem Papst Rom und Ravenna, Venetien, Spoleto und Benevent. Der „Kirchenstaat" wird geboren. Pippin festigt diese Schenkung, bei der er Gebiete „verschenkt", die nicht ihm, sondern Ostrom gehören, durch einen Feldzug gegen die Langobarden, der wenig Widerstand findet und zu den Friedensschlüssen von Pavia 754 und 757 führt. Die Italienpolitik der Franken und des späteren Reiches hat hier ihren großen Anfang.

Aber auch die erbliche Königswürde der Karolingerfamilie wird begründet: Papst Stephan weiht 757 Pippin erneut zum König und gleichzeitig auch dessen Söhne Karl und Karlmann.

Als Pippin 768 stirbt, werden Karl und Karlmann seine Nachfolger. Karlmann stirbt schon 771; der Weg ist frei für den neuen Alleinherrscher: Karl den Großen.

---

1) zitiert aus: H.K. Schulze, Vom Reich der Franken zum Land der Deutschen, Berlin 1998, S. 76
2) Schulze, a.a.O., S. 82
3) Schulze, a.a.O., S. 91
4) Schulze, a.a.O., S. 92
5) Schulze, a.a.O., S. 96

Kapitel 12: Der große Karl

Über den König und Kaiser Karl ist schon sehr viel geschrieben worden. Im Jubiläumsjahr 2000 kam manch Wichtiges hinzu, das eine Persönlichkeit auszudeuten versuchte, deren Bild zwischen Friedensstifter und Sachsenschlächter, zwischen Heiligem und Lebemensch, zwischen gütigem Vater und Verwandtenmörder, zwischen Schöpfer der karolingischen Renaissance und Halbgebildetem hin und her schwankt. Genauso umkämpft ist seine Zurechenbarkeit zu diesem oder jenem Volk: War er der Karl der Große der Deutschen, der Charlemagne der Franzosen, der Carolomagno der Römer und Italiener?

Hier soll nicht ein weiteres Kapitel der Karlsdeutung geschrieben werden; dazu fehlt erstens die Kompetenz, und zweitens kommt es im Zusammenhang dieses Buches nur darauf an, das Entstehen des Frankenreiches aus gallischen und römischen Anfängen bis zum Kulminationspunkt des Reiches Karls zu zeigen, das dann unter den Nachfolgern auseinanderbrach und damit den Weg frei machte für die Nationalstaaten mit ihren je eigenen Krönungsstädten: Diese sind in unserem Kontext Reims und Aachen.

Karl übernahm das Reich in dem relativ gefestigten Zustand nach Pippin. Die merowingischen Teilreiche waren nach vielfältigen Teilungen wieder vereint, der Kontakt mit Rom installiert. Ungeklärt war die Frage der Kompetenzverteilung zwischen Frankenreich und Ostrom. Der byzantinische Kaiser residierte in Konstantinopel und fühlte sich als alleiniger Kaiser zuständig für die Nachfolgegebiete des alten römischen Imperiums. Zwar hatte Ostrom das Entstehen einer neuen Machtballung im Frankenreich erkannt und auch anerkannt; das zeigte schon der Huldbeweis gegenüber Chlodwig im Jahr 511, als er kurz vor dem Ende seines Lebens in Tours von einer kaiserlichen Gesandtschaft begrüßt wird, die ihm den Ornat eines von Konstantinopel anerkannten Königs überbringt. Das war für Chlodwig ein gewaltiger Erfolg. 270 Jahre später ist dies für Karl nur ein Ausgangspunkt, der ihn nach Höherem streben läßt: zur Gleichstellung mit dem oströmischen Kaiser. Das ist sein „Karriereziel"; er wird es erreichen.

Um ein solches Ziel erfolgreich anzugehen, müssen die Fakten stimmen. Und so sehen wir Karl in den ersten Jahrzehnten seiner Herrschaft unermüdlich auf Kriegszügen. Die Reichsannalen berichten jährlich darüber:

> „769 – der ruhmreiche König Karl zog nach Aquitanien...
> 772 – Damals hielt der milde König eine Versammlung in Worms und begab sich von hier aus erstmals nach Sachsen...
> 773 – Da hielt der ... ruhmreiche König eine allgemeine Reichsversammlung ab mit den Franken in der Stadt Genf. Hier teilte der genannte König sein Heer, zog selbst über den Mont Cenis und schickte seinen Oheim Bernhard mit seinen anderen Getreuen über den Großen St. Bernhard... Und er kam vor die Stadt Pavia und belagerte diese Stadt...
> 774 – Als auf der Rückkehr von Rom Karl wieder vor Pavia kam, gewann er diese Stadt und König Desiderius mit Frau und Tochter und den ganzen Schatz dieses Palastes. Dort unterwarfen sich von allen Städten Italiens kommend die Langobarden der Herrschaft des ruhmreichen Königs Karl und der Franken... Und als er nach Ingelheim kam, schickte er vier Scharen ab nach Sachsen...
> 775 – Damals hielt der fromme und treffliche König eine Versammlung ab auf dem Hofgut Düren. Von hier zog er durch Sachsen und eroberte die Syburg...
> 776 – Damals drang König Karl in Italien durch Friaul ein... er unterwarf Cividale, Treviso und andere Städte, die sich erhoben hatten...
> 776 – Da kam ein Bote mit der Nachricht, die Sachsen seien abgefallen... die Verträge gebrochen... und als der König nach Worms kam und alle diese Dinge hörte, drang er mit Gottes Hilfe rasch und mit großer Eile unerwartet in die Befestigungen der Sachsen ein.
> 778 – Damals zog König Karl nach Spanien auf zwei Wegen...
> 779 – Der Reichstag war auf dem Hofgut Düren und man zog nach Sachsen...
> 780 – Damals gelangte Karl zur Eresburg und weiter an den Lippeursprung... weiter zur Elbe, und unterwegs wurden alle Bardengauer und viele der Nordleute jenseits der Oder getauft...

782 – wurde dem König gemeldet, dass die slawischen Soraben, welche das Land zwischen Elbe und Saale bewohnen, ins Gebiet der ihnen benachbarten Thüringer und Sachsen eingebrochen seien... Sogleich befahl er, mit dem Heerbann der Ostfranken und Sachsen die Vermessenheit der störrischen Slaven möglichst schnell zu bestrafen...

783 – ... und König Karl zog nach Sachsen, weil sich die Sachsen wieder erhoben hatten...

784 – Auch damals erhoben sich wieder in gewohnter Art die Sachsen und mit ihnen ein Teil der Friesen. Darauf überschritt König Karl auf seinem Zug den Rhein bei Lippham und drang umherziehend und verheerend in Sachsen ein, bis er nach Hockeleve kam. Dort entschloss er sich, durch Thüringen von Osten her bei den Ostfalen einzudringen...

785 – ... Und da war nun ganz Sachsen unterworfen.

786 – Damals schickte König Karl sein Heer in die Bretagne..."[1])

Und so geht das weiter, im Norden, Osten und Süden. Karl war ein Reisekönig und ein Kriegskönig, später wird er sesshaft und residiert meistens ins Aachen. Kriegszüge und Strafexpeditionen führt er meist nicht mehr selbst an, Unterfeldherrn besorgen das. Es wird deutlich, dass das Wachsen des Frankenreichs ein sehr aktiver Prozess ist, der höchsten Einsatz und permanente persönliche Präsenz des Königs verlangt, oft mit blitzschnellen und den Gegner überraschenden Wendungen.

Am Ende dieses Prozesses herrscht Karl über ein Reich zwischen „Ebro und Elbe", wie Hans K. Schulze schreibt und das sich nach Einhard wie folgt darstellt:

„Dies sind die Kriege, welche der großmächtige König während der siebenundvierzig Jahre, die er regierte, in verschiedenen Ländern mit der größten Einsicht und durchaus glücklich geführt hat. In ihnen hat er das Reich der Franken, das er nach seinem Vater schon groß und mächtig übernommen hatte, so herrlich erweitert, dass sein Umfang fast verdoppelt ward. Denn während früher nichts weiter als der zwischen Rhein und Loire, zwischen Ozean und dem balearischen Meer gelegene Teil Galliens und von Germanien der Teil zwischen Sachsen und Donau, Rhein und Saale, an der Grenze zwischen den

Thüringern und den Soraben, der von den so genannten Ostfranken bewohnt wird, und außerdem nur noch die Alamannen und Baiern zum Frankenreich gehörten, hat er durch die erwähnten Kriege zuerst Aquitanien, Waskonien, das ganze Pyrenäengebirge und das Land bis zum Ebro unterworfen…, hierauf ganz Italien…; ferner Sachsen, das keinen kleinen Teil von Germanien ausmacht…; sodann beide Pannonien, das auf der anderen Donauseite anstoßende Dacien, auch Istrien, Ligurien und Dalmatien, mit Ausnahme der Seestädte, die er aus Freundschaft und wegen des mit ihm geschlossenen Bündnisses dem Kaiser von Konstantinopel überließ…"[2])

Der letzte Satz lässt schon ahnen, was Einhard dann sehr eindrucksvoll beschreibt: Karl war nicht nur ein Krieger, er war auch ein Diplomat, der zu den Großen seiner Zeit gute Beziehungen unterhielt.

Und schließlich war der Kriegsherr und Diplomat auch ein Bildungspolitiker, dessen karolingische Renaissance den Bildungsstand Germaniens – auch im Verhältnis zum römisch gebildeten Westteil des Reiches – stark angehoben hat. Hierüber wird noch zu sprechen sein.

Hans K. Schulze fasst dies so zusammen: „Das Reich, das Einhard hier beschreibt, umfasste also nicht nur die alten fränkischen Kernlande Neustrien und Austrien, dazu Burgund, Aquitanien, die Gascogne, Septimanien und die Provence, sondern nunmehr auch sämtliche germanischen Stammesgebiete östlich des Rheins, ferner den Ostalpenraum, große Teile der ehemals awarischen Pannonischen Tiefebene, die Lombardei und große Teile Italiens mit der Insel Korsika. Im Norden wurde das Karlsreich von der Nordsee und dem Ärmelkanal begrenzt, im Nordosten reichte es sogar bis an die Ostsee, im Westen bespülten es die Wellen des Atlantischen Ozeans, und im Mittelmeerraum reichte es bis an den Golf von Lion, das Ligurische und Thyrrenische Meer und die Adria. Es war ein gewaltiges Reich und nach modernen Maßstäben ein Imperium, das sich vom Ebro bis zur Elbe und Saale erstreckte, von der Jütischen Halbinsel bis zu den Abruzzen".[3])

Und ich wage hier anzudeuten: Es war ein Reich, geographisch vergleichbar dem „Europa der Sechs" nach den Römischen Verträgen von 1957. Die geographischen Unterschiede: Zu Karls

Reich gehörten auch die Gebiete der heutigen Staaten Österreich und Schweiz, es fehlte der Süden Italiens; ansonsten sind die Bilder identisch. (Ob diese geographische Übereinstimmung etwas bedeutet, ist ein Thema, auf das ich später in einer „Promenade" über den Internationalen Karlspreis der Stadt Aachen zurückkomme.)

Es ist nun schwer zu sagen, ob die These, das Kaisertum im gleichen Rang mit Ostrom sei Karls „Karrierespiel" gewesen, von vornherein gestimmt hat. Es ist vielleicht auch nicht angemessen, bei einer Persönlichkeit wie Karl so vordergründige, egoistische Begriffe wie Karriere überhaupt zu gebrauchen. Richtiger mag sein, hier von Sendungsbewusstsein zu reden und vor allem von der politischen Einsicht, dass ein Großgebilde wie das Frankenreich nur Bestand haben konnte, wenn es mit den beiden anderen politischen Großgebilden, nämlich Ostrom und dem islamischen Reich des Kalifen protokollarisch gleichzog. So sehen wir denn, dass Karl schon früh Kontakte knüpft: Er verlobt seine Tochter Rotrud 781 als Sechsjährige mit dem elfjährigen Kaiser Konstantin. Die Ehe kommt zwar nicht zustande, weil Konstantin auf Befehl seiner Mutter, der Kaiserin Irene, geblendet wird und stirbt; die Reichsannalen verzeichnen auch danach noch gute Kontakte zur Kaiserin Irene. Und ebenfalls melden die Reichsannalen den Austausch von Gesandten und Geschenken mit dem Kalifen Harun-al-Raschid; die Auswirkungen dürfen wir noch heute in Aachen erleben: Die großen Heiligtümer des Aachener Domes – Textilien aus der Zeit Christi – gehen auf Geschenke des Kalifen und des Patriarchen von Jerusalem zurück! Die „Reichsannalen" enthalten entsprechende Andeutungen.

Man sieht Karls Strategie: Zuerst kommt die Normalisierung der Beziehungen, sozusagen auf kollegialer Basis. Dann kommt die formale Gleichstellung durch die Kaiserkrönung in Rom Weihnachten 800, vorbereitet durch den Papstbesuch bei Karl in Paderborn 799.

Eine solche Politik braucht sichtbare Repräsentation, braucht ein Machtzentrum, in dem sie sich darstellt. Diese Aufgabe hat Karl Aachen zugedacht.

Nur so ist die monumentale Anlage der Pfalz in Aachen zu erklären, welche über dem ehemaligen römischen Militärlager errichtet wird und in die der Dichter des „Paderborner Epos" Karl hineinstellt: „Er ist aber auch Herr einer Stadt, wo sich ein zweites Rom in neuer Blüte mit großer, gewaltiger Masse zum Himmel erhebt, mit hohen Kuppelbauten bis an die Sterne reicht. Da steht in seiner Pfalz der huldreiche Karl, bezeichnet die einzelnen Plätze, bestimmt, wo die ragenden Mauern verlaufen des künftigen Rom. Hier soll das Forum entstehen, hier der ehrwürdige Senat, wo das Volk Recht und Gesetze und heilige Weisungen empfangen soll."[4]) Das ist gewiss hymnisch übersteigert, trifft aber genau die imperiale Idee des Pfalzbaus in Aachen. Hier geht es nicht mehr nur um die Sesshaftwerdung des bisherigen Wanderkönigs, hier geht es um eine neue, höhere Herrscheridee: um das Kaisertum.

Karl herrscht von 768 bis 814. Kaiser wird er Weihnachten 800. War er in den ersten Jahrzehnten seiner Herrschaft ein Heerkönig, der das Reich vor allem nach Osten hin erweiterte, so führt er ab 800 keine Angriffskriege mehr. Er residiert in Aachen und führt sein Kaiserreich mit unangefochtener Kompetenz und Autorität.

Zu dieser Kompetenz gehört auch Karls Umgang mit seiner Hofgesellschaft. Er versammelt die führenden Geister seiner Zeit um sich, Kleriker und Laien, und pflegt mit ihnen regen, freien Gedankenaustausch, ohne Angst vor der geistigen Größe etwa eines Alkuin oder Paulus Diaconus oder vor dem Organisationstalent und der Beredsamkeit Einhards. Die Macht im Reich übt er über ein Grafensystem in wohl mehr als 100 Grafschaften aus; diese wiederum werden kontrolliert durch Königsboten, die alle Grafschaften viermal im Jahr besuchen und den obersten Herrscher repräsentieren, „präsent machen". In der Rechtsprechung gibt es Ansätze eines Instanzenzuges, der letztendlich beim König und Kaiser landet. Das Reich ist „in Ordnung". Seine Grenzen werden durch Markgrafschaften mit großen Kompetenzen gehütet: in Spanien, in der Normandie, gegenüber den Dänen im Norden, gegenüber den Serben im Osten, gegenüber den Awaren im Südosten. Das Reich war ein Reich der Völker geworden, Kern blieb aber das fränkische Merowingerreich. „Den merowingischen Traditionen des fränkischen Königtums erwies Karl der Große seine Reverenz mit Besuchen in Orten wie Reims, Soissons oder Saint-Denis... Das Land zwischen Schelde, Maas, Mosel und Rhein, in dem sich der Herrscher zu Hause fühlte..., war das Herzstück des Karlsreiches".[5])

Wenn man das so liest, ist man versucht zu sagen: „Es war gut so!" – Wie in der Genesis! Und man denkt: Wäre alles doch so geblieben, so schön beieinander: Welche Turbulenzen wären uns über mehr als tausend Jahre erspart geblieben! Aachen wäre dann Hauptstadt eines großen Reiches, nicht Berlin und Paris. Und Reims, die Taufstätte Chlodwigs, hätte als alleinige Krönungsstadt für das Gesamtreich keine schlechten Chancen gehabt.

Aber es kam ja anders.

---

1) Quellen zur karolingischen Reichsgeschichte, Darmstadt 1974, Bd. 1, S. 29 ff.
2) Quellen a.a.O., S. 155
3) Hans K. Schulze, Vom Reich der Franken zum Land der Deutschen, Berlin 1998, S. 211
4) Zit. Nach Schulze, a.a.O., S. 202
5) Schulze, a.a.O., S. 221

Kapitel 13: Und wieder Reichsteilung – jetzt endgültig

Kaiser Karl selbst hatte 806, also sechs Jahre nach seiner Kaiserkrönung, eine „divisio regnorum", eine Teilung der Reiche, ins Auge gefasst. Er bestimmte, dass nach seinem Tode seine drei Söhne Karl, Pippin und Ludwig die Herrschaftsgebiete teilen sollten. Die Nachfolge in der Kaiserwürde wurde nicht erwähnt. Da Karl und Pippin 811 und 810, also vor Kaiser Karl, starben, wurde die von Karl vorgesehene Teilung hinfällig; Ludwig blieb allein übrig und wurde Karls Erbe. – So können wir die Wirkungen, die Karls divisio regnorum gehabt hätte, nicht nachvollziehen.

Man kann allenfalls vermuten, dass das Teilungsmodell Karls besser funktioniert hätte, als dies später bei Ludwig der Fall war. Als Karl 806 die „divisio regnorum" regelt, ist er schon 38 Jahre König, davon sechs Jahre Kaiser. Seine Autorität ist ganz unangefochten; keiner der Söhne hätte zu Lebzeiten des Vaters das versprochene Erbe anzutreten versucht. Anders bei Ludwig. Er verfasst seine „ordinatio imperii" 817, also nach nur fünfjähriger Regierungszeit. Er regelt zugleich die von Karl ausgesparte Kaiserfrage. Pippin wird Aquitanien zugesprochen, Ludwig Bayern, dem ältesten Sohn Lothar die große „Mitte" und die Kaiserwürde mit außenpolitischer Gesamtkompetenz. Damit schafft Ludwig Rangunterschiede zwischen seinen Söhnen.

Die Grundidee der „ordinatio imperii" war wohl gut: Die Einheit des Gesamtreiches war oberstes Ziel, und diese Einheit sollte durch die Vorrangstellung des Kaisers erreicht werden, der zudem auch den weitaus größten direkten Herrschaftsbereich erhalten sollte. Das hatte Spannungen und Rangunterschiede zur Folge, die nicht durchzuhalten waren und noch zu Lebzeiten Ludwigs zu Brüchen und blutigen Auseinandersetzungen führten. Ludwig selbst verstößt gegen seine eigene ordinatio, indem er 829 für einen Sohn aus zweiter Ehe, Karl den Kahlen, als vierten Herrschaftsbereich Alamannien aus dem großen „Länderkuchen" herausschneidet. 830 kommt es zur „Empörung der Söhne". Ehe wir diese beschreiben, muss noch etwas sehr Wichtiges dargestellt werden.

Ludwig der Fromme war 813 von seinem Vater Karl zum Mitkaiser gekrönt worden, und zwar in Aachen. Auf Geheiß des Vaters hatte Ludwig selbst sich die Kaiserkrone aufgesetzt. Dies geschah kurz nach der 812 vom oströmischen Kaiser Michael I. ausgesprochenen Anerkennung Karls als „Basileus"; damit erhielt Karl auch durch Ostrom kaiserliche Würde und Legitimation für den weströmischen Raum. Der Papst ist an der Aachener Krönung Ludwigs nicht beteiligt.

Nun geht nach Karls Tod 814 Ludwig im Jahr 816 nach Reims und läßt sich von dem neuen Papst Stephan IV. erneut die Kaiserkrone aufsetzen. Warum tut er das? Will er etwas nachholen, das bisher gefehlt hat, nämlich den Segen des Papstes? Oder will er dynastisch den Bogen schlagen zum Merowinger Chlodwig, dessen Namen er trägt (Chlodwig = Ludwig)? Oder will er kurz vor seiner ordinatio imperii noch einmal den kaiserlichen Anspruch mit aller Deutlichkeit demonstrieren? Hierüber ist viel gerätselt worden. Richtig ist wohl, daß Ludwig der Fromme 816 und 817 bemüht war, die gesamten Beziehungen zwischen Kaiser und Papst mit allen Rechten und Pflichten beider Seiten neu zu ordnen, wie sich das in dem 817 geschlossenen „Pactum Hludowicianum" niederschlägt, in dem auch die Pippinische Schenkung bestätigt wird.

Jedenfalls ist Ludwig der Fromme der einzige Kaiser, der sowohl in Aachen als auch in Reims gekrönt wurde! Das ist im Zusammenhang dieses Buches von ganz großer Bedeutung und bestätigt den Anspruch beider Städte auf die Krönung – ja, wessen? Des Kaisers? Des Königs? Des Gesamtreiches? Der Teilreiche? Im Folgenden werden wir sehen, wie die Dinge sich entwickeln...

Kehren wir zurück zur Empörung der Söhne gegen den kaiserlichen Vater. Alles fängt an mit der Wiederverheiratung des verwitweten Ludwig mit der schönen Welfin Judith im Jahre 819. Zu dieser Heirat hat man ihn gedrängt, eine richtige Brautschau hat man am Hofe veranstaltet, um Ludwig aus seinen Depressionen herauszuholen und ihn abzulenken, wohl auch politisch. Man hat dabei den politischen Ehrgeiz der schönen Judith nicht bedacht. Als sie 823 einen Sohn zur Welt bringt, erhält dieser den Namen Karl. Das ist ein politischer Name, und Judith setzt alle Mittel ein, um dem Kind eine politische Zukunft zu sichern. Laut ordinatio imperii ist diese politische

Zukunft versperrt, denn das Reich ist verteilt zwischen den Söhnen Lothar, Pippin und Ludwig. Vater Ludwig ist ratlos.

Ludwigs Biograph Nithard beschreibt die Situation: „Nach Karls Geburt wusste der Kaiser nicht, was er mit ihm machen sollte, da er das ganze Reich unter die übrigen Söhne verteilt hatte. Und da der Vater, hierüber in Sorge für den Sohn (Karl), die Söhne (Lothar, Ludwig, Pippin) anging, verstand sich endlich Lothar dazu und bezeugte durch einen Eid, der Vater sollte einen Teil des Reiches, welchen er wollte, dem Sohn geben; er selbst werde Karls Beschützer und Verteidiger gegen alle Feinde für die Zukunft sein."[1]) Ludwig gibt daraufhin Alamannien an Karl, bestellt Bernhard von Septimanien zum Verweser und Kämmerer und lässt zu, dass dieser Bernhard von Septimanien durch den unbesonnenen Gebrauch, welchen er von der Staatsgewalt macht, das Reich gänzlich zugrunde richtet.[2]) Daraufhin wird Lothar anderen Sinnes, und er ruft „die Brüder und das ganze Volk zur Wiederherstellung der gesetzlichen Ordnung im Reiche auf. Daher überfielen sie mit dem gesamten Heer den Vater in Compiègne, schickten die Königin ins Kloster. Nachdem Lothar auf diese Weise die Macht an sich gebracht hatte, behielt er den Vater und Karl in freier Haft bei sich; seinen Umgang bildeten Mönche, um ihn mit dem Mönchsleben bekannt zu machen und zum Eintritt in den geistlichen Stand zu veranlassen. – Mit dem Reich aber ging es, da jeder von seinen bösen Leidenschaften getrieben nur seinen Vorteil suchte, von Tag zu Tag schlimmer."[3])

Es kommt dann wieder zu einer halben Versöhnung; aber Ludwig hetzt – laut Nithard – jetzt Pippin und Ludwig junior gegen Lothar auf und verspricht, ihre Reichsteile aufzubessern. Nun steht Lothar in der Strafecke, und er muss nach Italien ausweichen. Das hehre Ziel der ordinatio imperii ist endgültig verfehlt. Zuletzt kämpft jeder gegen jeden; tragischer Höhepunkt des Zwistes ist die Schlacht von Fontenoy 841, bei der fränkischer Adel sich selbst umbringt. Pippin ist schon 838 gestorben, Ludwig der Fromme 840. Bei Fontenoy kämpfen Ludwig und Karl gegen Lothar. Dieser ist der große Verlierer.

843 wird im Vertrag zu Verdun das Reich neu geteilt. Kaiser Lothar I. erhält das schmale Mittelreich, die „Kegelbahn" von der Nordsee bis zum Golf von Genua mit den Kaiserstädten Aachen und Rom. Ludwig der Deutsche erhält das Ostfranken-

reich, Karl II. „der Kahle“ das Westfrankenreich (siehe Karte Seite 65). Die „Reichseinheit“ bleibt gewahrt.

Nach Lothars Tod 855 wird das Mittelreich geteilt unter Lothars Söhnen: Sohn Ludwig II. erhält Italien und die Kaiserkrone, Sohn Lothar II. den nördlichen Teil der Nordsee bis zu Maas und Mosel.

Und das Teilen setzt sich fort: Nach dem Tod Ludwigs II. und Lothars II. sind die beiden noch lebenden Onkel die Nutznießer. Ludwig der Deutsche erhält nach Lothar II. die Osthälfte Lothringens mit Aachen, Karl der Kahle übernimmt nach Ludwig II. Italien und wird von Papst Johannes VIII. 875 zum Kaiser gekrönt. So kommt der Sohn der schönen Judith doch noch zu kaiserlichen Ehren!

Westfranken und Ostfranken haben jetzt eine gemeinsame Grenze, die in dem Vertrag von Mersen 870 festgelegt und im Vertrag von Ribemont 880 erneut korrigiert wird. Die Grenzregelung von 880 bleibt, von geringen Veränderungen abgesehen, das ganze Mittelalter hindurch die Grenze zwischen Deutschland und Frankreich.[4]) Die Karte ist auf Seite 65 wiedergegeben.

Noch einmal kommt es für wenige Jahre zur Vereinigung aller Reichsteile in einer Hand: Der Karolinger Karl III., der „Dicke“, König von Alamannien, Italien und Bayern, wird durch die Gunst der Umstände 882 auch König in Ostfranken und 885 in Westfranken. Die Ratlosigkeit der Reichsteile, vor allem in Westfranken, angesichts der Normannenstürme hat seine Kandidatur begünstigt. Er stirbt, ohne Erfolge nachweisen zu können, 888; zuletzt ist er entmachtet durch den Bayern Arnulf. Die Normannen plündern Reims und Aachen, dringen mit ihren Schiffen in die französischen Flüsse ein, das Westreich hat viel zu leiden. Nach Karls Tod fallen die Reichsteile wieder auseinander.

Damit nun der „rote Faden“ unserer Erörterung nicht verloren geht: Die herrschaftsmäßig und völkisch lange Jahrhunderte vereinten Städte Reims und Aachen sind nun getrennt durch die Grenze zwischen den künftigen Nationalstaaten Deutschland und Frankreich. Erst unter Napoleon I. wird sich das für kurze Zeit ändern. – Aber Aachen ist noch nicht endgültig beim deutschen Reich; erst kommt noch der Streit um Lotharingien, den nördlichen Teil jenes „Mittelreiches", das 843 im Vertrag von Verdun entstanden war. Um dieses Herzstück des Reiches Karls d. Gr. wird noch einmal hart gerungen!

1) Quellen zur karolingischen Reichsgeschichte, Darmstadt 1974, Bd. 1, S. 389
2) Quellen, a.a.O., S. 391
3) Quellen, a.a.O., S. 391
4) dtv-Atlas zur Weltgeschichte, München 2000, S. 124 f.

Kapitel 14: Das Ende der Karolinger und der Streit um Lotharingien

Wir haben gesehen, wie das große und mächtige Frankenreich zugrunde ging, wie es nach mehreren Erbteilungen zersplittert, zerstritten, dynastisch zerstört war. Drei Generationen genügten, um ein Chaos zu schaffen, das nur durch neue Strukturen behoben werden konnte.

Um die Entwicklung zu verstehen, müssen wir die Westfranken und Ostfranken getrennt anschauen. In beiden Teilreichen regieren zunächst noch Karolinger. In Ostfranken stirbt die Karolingerlinie aus mit Ludwig dem Kind 911; in Westfranken geht sie weiter, von Karl dem Kahlen, der – wir sahen es – sogar 875 zum Kaiser gekrönt wird, noch über einige Generationen bis zu Ludwig V., der 987 verstirbt.

Auch Kaisertitel werden noch vergehen. Sie haben nicht mehr die imperiale Bedeutung wie zur Zeit Karls des Großen. Die Verleihung erfolgt durch den Papst, meist an Karolinger mit italienischer Königswürde.

Heinz Otto Sieburg schreibt hierzu: „In den Jahrzehnten der Verwirrung, in denen sich die Karolinger um das Erbe des großen Kaisers stritten, verblasste das Kaisertum zu einem bloß formalen Schema. Die italienischen Herrscher, zunächst noch die Nachfolger Lothars, die es verkörperten, waren kaum regionale Größen."1)

Der Konsolidierungsprozess erfolgt zunächst im ostfränkischen Bereich, den wir von jetzt an Deutschland nennen wollen. Hier kommt 911 nach dem Tod von Ludwig dem Kind Konrad I. auf den Thron. Er ist der erste gewählte deutsche König. Auf einem Reichstag zu Forchheim treten die weltlichen und geistlichen Großen des Landes zusammen und wählen im November 911 Herzog Konrad von Sachsen zum König. Das ist eine fast revolutionäre Abwendung vom Erbprinzip des fränkisch-dynastischen Staatsdenkens. Nach diesem Erbprinzip hätte dem westfränkischen Karolinger Karl dem Einfältigen (893 – 923) die Nachfolge Ludwigs zugestanden, und die Großen

Lotharingiens huldigen in der Tat dem Westfranken Karl. So kommt es – zunächst – zum Abfall Lotharingiens vom deutschen Reich unter Konrad I.

Mit der Wiedergewinnung Lotharingiens hat Konrad kein Glück. Zwar versucht er alles, wohl wissend, „dass kriegerische Erfolge seine Chancen im Kampf gegen die selbstbewusste Aristokratie im Inneren verbessern würden. Außerdem gehörte Lotharingien zu den alten fränkischen Kernlanden. Seine Pfalzen, Krongüter, Bistümer und Reichsabteien waren Stützpfeiler der königlichen Herrschaft; hier lagen mit Aachen, Metz, Nimwegen, Köln, Trier, Lüttich, Maastricht und Straßburg traditionsgesättigte Zentren der geistlichen und weltlichen Herrschaft. Kein Wunder, dass seit dem Vertrag von Verdun um diese fränkische Zentrallandschaft gerungen wurde."[2)]

So zieht König Konrad I. gegen Karl den Einfältigen zu Feld, 912 und 913 dreimal; einmal kommt er bis nach Aachen. Aber die Rückgewinnung Lotharingiens gelingt nicht. Sie bleibt Konrads Nachfolger, dem Sachsen Heinrich I. (918 – 936) vorbehalten. Welch eine Pointe deutscher Geschichte, dass rund hundert Jahre nach dem angeblichen Sachsenschlächter Karl dem Großen ausgerechnet ein Sachsenspross die Hauptstadt Karls dem Reich zurückgewinnt!

Heinrich geht überaus geschickt vor und operiert mit einem gut geschnürten Bündel aus Bündnis, militärischer Macht und Ausspielen von Interessen. Karl der Einfältige ist hart bedrängt von den Normannen, denen er nur durch die Abtretung der Normandie Frieden abgewinnen kann. Umso intensiver wendet er sich dem Osten seines verbliebenen Reiches zu und verstärkt den Zugriff auf Lotharingien. Als Karolinger beruft er sich auf den großen Vorgänger Karl, den er sogar in Siegel und Monogramm imitiert. Doch in Lotharingien regt sich Widerstand: Der mächtigste Mann des Landes, Graf Giselbert, erstrebt den „Prinzipat" in Lotharingien, besetzt Bistümer und Abteien mit seinen Leuten. – In dieser Situation ist es für Heinrich I. wichtig, zunächst einmal seine königliche Position zu legitimieren und die Anerkennung seines Königtums durch einen Vertrag mit Karl dem Einfältigen zu sichern. Dies geschieht durch einen Vertrag in Bonn 921. Mitten im Rhein wird ein Schiff festgemacht, auf ihm treffen sich Heinrich und Karl, und es kommt zu einem Friedens- und Freundschaftsvertrag, den man später das „erste deutsch-französische Abkommen der Weltgeschichte" genannt hat.[3]) In diesem Vertrag wird Heinrich „der allererhabendste König der östlichen Franken" genannt. Er ist damit in einer Rechtsposition, aus der heraus er auf Einhaltung der letzten Teilungsabkommen drängen kann, die ja Lotharingien dem Ostreich zusprachen.

Hierbei helfen Heinrich die Probleme, die Karl in seinem Westreich hat. 922 wählen die westfränkischen Großen Robert von Franzien zum Gegenkönig. In Reims wird er geweiht. Karl wehrt sich, es kommt zur Schlacht bei Soissons im Juni 923, die Karl verliert. Karl gerät in eine Falle eines seiner abtrünnigen Vasallen und wird gefangen; der Gegenkönig Robert fällt in der Schlacht. Karl bittet Heinrich um Beistand, schickt ihm die kostbare Reliquie einer Hand des heiligen Dionysius und erinnert an den Bonner Freundschaftspakt. Heinrich bestätigt die Freundschaft, überschreitet Ende 923 den Rhein und nimmt einen Teil Lotharingiens in Besitz. Ein neuer Gegenkönig, Rudolf, tritt ihm entgegen, der den Westen Lotharingiens vorerst hält. Schulze schreibt: „Das Land kam nicht zur Ruhe. Es herrschten anarchische Zustände. Als Giselbert wieder einmal die Front wechselte und Rudolf von Frankreich die Huldigung anbot, musste auch Heinrich handeln. Im Frühjahr 925 zog er über den Rhein und nahm Lothringien in Besitz, nun auch die westlichen Teile... König Rudolfs Kräfte waren durch Kämpfe gegen die Normannen gebunden..."[4])

Karl der Einfältige stirbt 929 als Gefangener seiner einstigen Vasallen im Kerker von Péronne. Seinem Sohn Ludwig IV. gelingt 936 – 954 die Besteigung des westfränkischen Thrones, dann folgt Lothar 954 – 986; mit Ludwig V. kurzer Regierungszeit 986 – 987 stirbt auch die westfränkische Linie der Karolinger aus.

Lotharingien und mit ihm die Kaiserstadt Aachen bleiben nun auf Jahrhunderte bei Deutschland.

---

[1]) Heinz Otto Sieburg, Grundzüge der französischen Geschichte, Darmstadt 1997. S. 120 f.
[2]) Hans K. Schulze, Hegemoniales Kaisertum, Berlin 1998, S. 120 f.
[3]) Schulze, a.a.O., S. 150
[4]) Schulze, a.a.O., S. 152

3. Abteilung: Zwei Reiche „Rücken an Rücken"

Wie nach der Reichsteilung Westfranken und Ostfranken

- nebeneinander bestehen,
- den Reichsgedanken nicht ganz aufgeben,
- ihren eigenen Problemen nachgehen: Westfranken nach Norden, Ostfranken nach Osten und Süden.

Wie in Aachen und Reims

- die Krönungsideen sich entwickeln,
- der „allerchristlichste König" den Kaiser überrundet,

und

Wie Aachen auf diplomatischem Parkett Punkte sammelt.

Kapitel 15: Im Spätmittelalter: Zwei Reiche, zwei Macht- und Interessensphären

In den ersten Jahrhunderten seit der Jahrtausendwende gehen Frankreich und Deutschland je eigene Wege. Zwischen Reims und Aachen verläuft die Grenze der beiden Staaten, nicht ganz stabil, aber im Wesentlichen unangefochten: Die Westgrenze des damaligen „Mittelreiches" bleibt das Mittelalter hindurch die Grenze zwischen Deutschland und Frankreich. Heinz-Otto Sieburg faßt die Situation zusammen: „Zur Zeit der Jahrtausendwende, nachdem sich mit den Ottonen nicht nur in Deutschland, sondern – nach dem Aussterben der Karolinger – mit den Kapetingern auch in Frankreich einheimische Herrscherhäuser durchgesetzt und gefestigt hatten, waren „Deutschland" und „Frankreich" zweifellos schon existente geschichtliche Faktoren, und zwar solche, die mehrere Jahrhunderte hindurch nicht im Gegensatz zueinander standen, sondern eher in der Rücken-zu-Rücken-Stellung einer politischen Beziehungslosigkeit, weil das Gesicht Deutschlands damals nach Osten und Süden, das Frankreichs nach Westen gerichtet war."1) Auch die Kaiserfrage war seit der Krönung Ottos I. 862 in Rom „vom Tisch", zumindest über Jahrhunderte hinweg. Es mag hier ein Trauma, eine französische Sehnsucht unter Berufung auf den großen Karl und die Karolinger übriggeblieben sein; denken wir nur an den überraschenden Sturm des westfränkischen Lothar 978 auf Aachen, nur um den Kopf des Reichsadlers auf der Kaiserpfalz von Osten nach Westen zu drehen und dann wieder abzuziehen! Mit Realpolitik hat das – vorerst – nichts zu tun. Die Machtverhältnisse stehen ganz eindeutig zugunsten des ottonischen Deutschlands. – Mein Bruder, damals Oberbürgermeister Aachens, erinnert sich übrigens, dass der französische Staatspräsident Giscard d'Estaing anlässlich eines Treffens mit Kanzler Helmut Schmidt in Aachen dieses mehrfache „Umdrehen" des Reichsadlers beim Festessen im Krönungssaal des Aachener Rathauses erwähnte, ohne allerdings daraus politische Konsequenzen abzuleiten...

Erst ganz allmählich wächst in Frankreich der Einfluss des Kapetingischen Königshauses. Ludwig VI. (1108 – 1137) unterwirft unbotmäßige Vasallen der Krondomäne, stellt eine enge

Verbindung zum Papsttum her, baut mit der Hilfe seines Beraters Abt Suger von St. Denis eine zentrale Verwaltung auf und begründet über seinen Freund Bernhard von Clairvaux Beziehungen des Königtums zu den neuen Mönchsorden. Unter Ludwig VI. erstrahlt die „Oriflamme", die Kriegsfahne der französischen Könige. Und es entstehen frühe Ansätze eines französischen Nationalgefühls. Der Nachfolger Ludwigs VI., Ludwig VII. (1137 – 1180), ist der König des II. Kreuzzuges, einer Aktion, bei der sich die Franzosen als auserwähltes Werkzeug Gottes fühlen: Von den „Gesta Dei per Francos", den Taten Gottes mittels der Franzosen ist die Rede.

Dieser Ludwig VII. ist verheiratet mit Eleonore von Poitou, der Erbin Aquitaniens. 1152 endet die Ehe, und Eleonore heiratet erneut: nämlich den Herzog Heinrich von der Normandie, dem auch Anjou, Maine und Touraine gehören. Aquitanien und Normandie nebst zugehörigen Besitztümern verbinden sich durch die Heirat von Eleonore und Heinrich zu einem neuen Machtgebilde, das nunmehr größer ist als die Krondomäne nebst Vasallen. Seit 1154 ist Heinrich auch König von England, so dass er die kontinentalen Gebilde mit England zum Angevinischen Reich verbinden kann, welches das Frankreich der Kapetinger zu ersticken droht.

Mit dieser angevinisch-englischen Gruppierung und Bedrohung hat sich ein Ludwig VII. auseinanderzusetzen. Sein Nachfolger Philipp II. August (1180 – 1223) hat entscheidende Erfolge. Sie basieren auf einer Bündnispolitik, die sich den Machtkampf zunutze macht, der in Deutschland nach dem Tod Friedrich Barbarossas (1190) zwischen Welfen und Hohenstaufen entbrennt, zwischen Otto IV. und Friedrich II. – Philipp August verbündet sich mit dem Staufer Friedrich, Heinrichs Nachfolger Johann Ohneland mit dem Welfen Otto. 1214 ist die entscheidende Schlacht bei Bouvines. Der Franzose Philipp August und der Staufer Friedrich gewinnen, der Engländer Johann und der Welfe Otto verlieren. Philipp August rettet Frankreich für die Capetinger, Friedrich rettet das deutsche Kaisertum für die Staufer; aber das Machtgefälle „kippt" zugunsten Frankreichs. Heinz-Otto Sieburg: „Wie beschämend musste im Grunde für den neuen Kaiser (Friedrich II., d. Verf.) der Augenblick sein, in dem er aus den Händen der französischen Könige den auf blutigem Gefilde von Bouvines erbeuteten goldenen Reichsadler erhielt und damit gleichsam die Bestätigung seines Kaisertums durch Frankreich."[2] Johannes Haller: „Von diesem Tage an sind die Rollen der beiden Länder vertauscht: Deutschland nimmt den Platz ein, der bisher Frankreich gehörte. Uneinig und zerrissen, keiner einheitlichen Kraftentfaltung fähig, dankt es für Jahrhunderte als Großmacht ab, während das französische Königtum in neuer Größe, von Stufe zu Stufe emporsteigend, nunmehr Führungsmacht Europas wird."[3]

Es bleibt noch anzuführen: „Philipp August, der wie seine Nachfolger Ludwig VIII. (1223 – 1226) und Ludwig IX., der Heilige (1226 – 1270), den Hohenstaufen ein ehrlicher Nachbar geblieben ist, hat noch nicht daran gedacht, seinen Sieg über das deutsche Hilfsheer der Engländer anders als gegen das angevinische Reich auszunutzen."[4] Von einem mittelalterlichen französisch-deutschen Gegensatz kann daher nicht die Rede sein, wohl jedoch von einem zunehmenden Machtgefälle zugunsten Frankreichs, das erst recht eklatant wird, als die Italienpolitik des Staufers Friedrich II, scheitert und in Deutschland nach Friedrichs Tod 1250 das Papsttum gegen die Staufer die Oberhand gewinnt.

---

[1]) Sieburg, Grundsätze der französischen Geschichte, Darmstadt 1997, S. 19
[2]) Sieburg, a.a.O., S. 91
[3]) zit. nach Sieburg, a.a.O., S. 31 f.
[4]) Sieburg, a.a.O., S. 32.

Kapitel 16: Gewichte verschieben sich, Krönungsideen wandeln sich

Die wichtigste Figur im Frankreich des 13. Jahrhunderts ist Ludwig IX., der Heilige. Er regiert von 1226 bis 1270, hoch angesehen wegen seiner Taten und Tugenden, ein großer Herrscher und Mensch. Seine glanzvolle Krönung in der – noch nicht fertigen – Kathedrale von Reims ist reich beschrieben, insbesondere die großartige Darstellung von Jacques Le Goff[1] ist durch keine Kurzbeschreibung zu ersetzen. Le Goff arbeitet die zahlreichen symbolischen Bezüge heraus, die allesamt auf die göttliche Qualität der Krönung in Reims hinauslaufen. Wir kennen ja die Titel: „Allerchristlichster König", und „Gesta Dei per Francos"! Das ist eine nicht einzuholende Klasse mehr als die „nur" vom Papst verliehene deutsche Kaiserkrone. Hier können die Darstellungen von Jacques Le Goff nicht ausreichend zitiert werden; die Lektüre des Buches von Le Goff sei jedem sehr empfohlen, der sich für die Reimser Krönung interessiert. – Ich werde später aus dem Aachener Austellungskatalog über „Krönungen" je eine Kurzdarstellung der Krönungsriten in Aachen und in Reims anbieten.

Der Unterschied zwischen den Krönungen in Aachen und in Reims wurde freilich politisch erst allmählich spürbar. Das Kaisertum Ottos I. und seiner Nachfolger hatte machtpolitisch ein so starkes Übergewicht gegenüber dem Königtum der letzten West-Karolinger und der ersten Capetinger, dass Frankreich gegenüber dem Deutschen Reich weit zurückstand. Erst die erfolgreiche Beherrschung der „angevinischen Bedrohung" und die zähe, kontinuierliche Erweiterung der französischen Krongüter über die Isle de France hinaus führte im Verbund mit der katholischen Kirche zu dem allmählichen Ausgleich und zu der späteren Umkehrung der Machtverhältnisse. Dabei war der Verbund mit der katholischen Kirche nicht etwa ein Produkt politischer Taktik, sondern ein konstitutives Element des französischen Königtums und damit des Staates. Dies gilt weit über das Mittelalter hinaus, bestimmt natürlich auch die Rolle von Stadt und Bistum Reims und gehört damit in dieses Buch. Eines sei vorweg gesagt: Die Rolle von Reims war im Begegnungsprozess von Kirche und Staat eine ganz wichtige; dagegen hat

Aachen im gleichen Zusammenhang nur eine kurzfristige und bescheidene, mehr punktuelle Bedeutung gehabt.

Wohl war Aachen die Krönungsstadt Deutschlands, bis zur Krönung Ferdinand I. im Jahr 1531. Hier stand der „Erzstuhl des Reiches", dessen In-Besitz-Nahme die Königswürde und den Kaiseranspruch begründete, hier war das Karlsgrab als das Vermächtnis des größten Frankenherrschers, des Idols Karl. Aber Aachen war nach der Reichsteilung nicht mehr Zentrum, und es hatte in seinen Mauern keine Instanz von Reichsgeltung. Da war es denn eine Frage der Zeit, dass die Krönungen nach Ferdinand I. abwanderten nach Frankfurt. Aachen war nie Bischofssitz und wurde es erst unter und durch Napoleon (der auch den Karlstraum träumte); Reims hingegen war seit der Taufe Chlodwigs durch den heiligen Bischof Remigius Sitz des mächtigsten Kirchenfürsten in Franzien und später in Frankreich, und der Reimser Erzbischof als Primas des Landes hütete mit aller Strenge das Privileg als Coronator des „allerchristlichen Königs" bis zur Revolution 1789!

Man verzeihe den vorauseilenden Zeitraffer, aber es ist hier und da nötig, deutlich zu machen, wie sehr Reims und Aachen und ihr Verhältnis zueinander Paradigmen ihrer nationalen Geschichte und der Beziehungen ihrer Völker sind. Dass dies nicht nur politisch zu verstehen ist, sondern auch kulturell und wirtschaftlich, wird uns im Folgenden mehr und mehr einleuchten.

Sprechen wir über das für Frankreich und Deutschland so bedeutend wichtige 13. Jahrhundert, so finden wir dieses personifiziert in seinen beiden wichtigsten Herrschergestalten: dem Capetinger Ludwig IX. und dem Staufer Friedrich II. Beide haben Visionen gehabt und sie verwirklicht; beide haben sich wohl auch geschätzt und unterstützt. Friedrich hatte ja, wie wir sahen, schon mit Ludwigs Großvater Philipp II. August und 1214 durch die Schlacht von Bouvines gegen seinen Widersacher Otto und die Engländer sein Kaisertum gerettet; er übertrug nach der kurzen Herrschaft Ludwigs VIII. seine Bündnistreue auch auf Ludwig IX., der die Machtverhältnisse dann so strukturierte:

Der französische König respektierte den deutschen Kaiser in der symbolischen Nachfolge des römischen Reiches als den politischen Repräsentanten der abendländischen Christenheit, dem jedoch der Papst als geistlicher Repräsentant zur Seite stand; dabei war er auf zweierlei bedacht: auf die Ausgewogenheit des Verhältnisses zwischen Kaiser und Papst und auf die Freiheit der französischen Monarchie von jedem politischen Einfluss des Kaisers. Damit sicherte Ludwig seinem Königreich den Freiraum für die Erstarkung der Monarchie, die auch dann nicht abnahm, als er sich dem Kreuzzug zuwandte. Friedrich hingegen verwirklichte seine Träume in Italien und Sizilien, während in Deutschland mit dem 1231 gewährten „Fürstenprivileg" die reale Macht den deutschen Fürsten überlassen wurde.

Für die Krönungsstädte Aachen und Reims ist dies von großer Bedeutung. Neben Paris als Hauptresidenz und Saint-Denis als Begräbnisstätte steht Reims als Krönungsort der französischen Könige „fest im System"; bei Aachen ist das trotz aller karolingischen und ottonischen Legitimation nicht der Fall. Zwar wird Aachen noch rund 300 Jahre Krönungsstadt bleiben und die Reichsidee Karls und Ottos symbolisieren, aber diese Reichsidee geht über die Landesgrenze hinaus und hat nicht mehr den unmittelbaren Bezug zur eigentlichen Politik. Dies wird ganz deutlich im 15. Jahrhundert, als im Nach-Wirkungsfeld des in Frankreich aufgewachsenen Böhmen Wenzel, der sich dann als deutscher König Karl IV. nennt, das Stiftswappen des von Karl dem Großen gegründeten Aachener Marienstifts auf der einen Hälfte den Reichsadler, auf der anderen die französischen Lilien zeigt! – Schon die Karlsbüste von 1349 zeigt die Kombination von Lilien und Adler. Annette Fusenig schreibt hierüber: „Seit dem 15. Jahrhundert führt das Marienstift Adler und Lilien in seinem Wappen... Diese Kombination tritt seit der Mitte des 14. Jahrhunderts in der bildenden Kunst auf. In Aachen begegnet uns die Kombination zum ersten Mal auf der Karlsbüste. Die in der Tradition französischer Herrscherdarstellungen gefertigte Büste diente wahrscheinlich den politisch-religiösen Interessen der Aachener Marienkirche."2) Das Stiftswappen lässt die Reichsverbundenheit Aachens also in einem mehr übernationalen Sinn erkennen, der auf Karl den Großen und seine Universalidee des alten Karolingerreiches Bezug nimmt, Ursprung sowohl der deutschen Kaiserwürde wie auch des französischen Königtums.

Das galt noch im 13. Jahrhundert Ludwigs IX. und Friedrichs II., das galt auch noch im 14. Jahrhundert des Frankreich sehr verbundenen Karl IV. der sich von Wenzel in Karl umbenannte. Das gilt vielleicht noch gerade für den 1531 in Aachen gekrönten Ferdinand I.; aber dann ist Schluss mit der Krönungsherrlichkeit in Aachen, und es beginnt die habsburgische Einschnürung Frankreichs in seinem Norden und Osten. Die Reichsidee ist gewandelt, wenn nicht gar dahin, für beide Seiten. Der Nationalstaat beherrscht die Szene. Frankreich gewinnt das Übergewicht. Aus der großen Vision Karls des Großen ist Reichsteilung geworden mit anfänglicher Symbiose „Rücken an Rücken", dann Rivalität der Nationalstaaten, bei der Frankreich erstarkt und als Pol stabil bleibt, während der Gegenpol wechselt: Frankreich und Habsburg, Frankreich und Preußen, Frankreich und Deutschland – so lauten die Paarungen bis hin zu den großen Kriegen. Erst nach 1945, nach dem tiefsten Punkt, finden wir zum Karlsreich, zu Europa zurück. In den folgenden Kapiteln wird diese Entwicklung schlaglichtartig behandelt. Reims und Aachen sind immer irgendwie „mit dabei".

---

1) Jacques Le Goff, Reims, Krönungsstadt, Berlin 1997, S. 34 ff., und ders., Ludwig der Heilige, Stuttgart 2000, S. 734 ff.

2) Michael Wirtz (Herausg.), Vom Reich nach Europa, Stolberg 2002, S. 14

Kapitel 17: Friedensschlüsse in Aachen

Hier werden Ereignisse beschrieben, die auf den ersten Blick nichts miteinander zu tun haben. Aber dann wird Zusammenhang deutlich.

1668 – also zwanzig Jahre nach der Beendigung des Dreißigjährigen Krieges durch den Westfälischen Frieden – wird durch den „Aachener Frieden" die Expansionspolitik Ludwigs XIV. gegen die Habsburgische Umklammerung Frankreichs zunächst gestoppt: Die „Tripelallianz" der protestantischen Mächte Holland, England und Schweden interveniert zugunsten Spaniens und hindert Frankreich an der geplanten Vereinnahmung der Spanischen Niederlande.

Doch Ludwig XIV., der „Sonnenkönig" (1661 – 1715), gibt nicht auf. Er führt schon 1672 den nächsten Schlag gegen Holland, das an den Rand des Abgrunds gerät und nur durch Wilhelm von Oranien gerettet wird, der die Deiche durchstechen lässt, die Kernprovinz unter Wasser setzt und so die Franzosen kurz vor Amsterdam zum Stehen bringt. Es bleibt in den Niederlanden bei der Linie des Aachener Friedens.

Aber neue Bündnisse bringen neue Chancen. Frankreich interveniert in Luxemburg, in der Pfalz, in Lothringen, im Elsaß, teils kriegerisch, teils vertraglich. Allein die Auslegung unklarer Bestimmungen des Westfälischen Friedens bringt Ludwig XIV. 600 Dörfer![1)]

Der deutsche Kaiser Leopold I. muss all dies tolerieren, weil seine Kräfte durch die Abwehr der Türken gebunden sind, die vor Wien stehen. Der allerchristlichste König Frankreichs verbündet sich mit den Türken; hofft er darauf, nach dem zu erwartenden Sieg der islamischen Weltmacht über Österreich, sich selbst an die Spitze eines abendländischen Kreuzzugheeres stellen zu können, die aus drei Erdteilen rekrutierten Armeen des Sultans nach Asien zurückzutreiben und so anstelle des Kaisers als der eigentliche Schirmherr Europas aufzutreten?[2)] Aus dieser grandiosen Spekulation wird nichts, weil Österreich die Türken aus eigener Kraft zurückschlägt; aber sozusagen im „Windschatten" der Türkenbedrohung sammelt der Sonnenkönig territoriale Gewinne, die ihn dem Traum der Kardinäle Richelieu und Mazarin, nämlich den Grenzen Frankreichs an Rhein und Pyrenäen, ein gutes Stück im Norden und Westen voranbringen. Nur der Griff nach der Macht über die spanischen Niederlande misslingt; auch die Nachfolger Ludwigs XIV. schaffen ihn nur für zwei Jahre.

1748 gibt im „Aachener Friedenskongress" Ludwig XV. (1715 – 1774) die österreichischen Niederlande an Habsburg zurück. Wir sehen einen großen Bogen zwischen 1668 und 1748.

Warum Aachen als Ort beider Friedensschlüsse? Platz der Versammlung ist wohl die alte Kaiserpfalz mit ihrem „altertümlichen Saale", in dem – nach Friedrich v. Schiller – schon „König Rudolfs Heilige Macht beim festlichen Krönungsmahle" gesessen hatte.[3] „Kaiserpracht" – ja, aber nicht habsburgisch, sondern originär karolingisch, und daher Frankreich zumutbar. Wie das Stiftswappen aus dem 15. Jahrh. zeigt: Halb Reichsadler, halb Lilien...Von März bis Oktober 1748 dauern die Verhandlungen und Veranstaltungen, mehrfach von Bällen und Festen aufgelockert.[4]

Der Friede von Aachen beendet den österreichischen Erbfolgekrieg, bei dem es u. a. um die Sicherung der weiblichen Erbfolge durch die sog. Pragmatische Sanktion (1713) ging. Großer politischer Hintergrund ist der Einmarsch der Preußen unter Friedrich II. in Schlesien und vor allem die Rivalität Frankreichs und Englands in Übersee. Vieles bleibt in der Schwebe; auf dem Kontinent ist zunächst Waffenstillstand, bis die französische Revolution und Napoleon wieder alles durcheinander wirbeln.

---

[1]) Heinz Otto Sieburg, Geschichte Frankreichs, Stuttgart 1995, S. 141
[2]) Sieburg, a.a.O., S. 142
[3]) Friedrich v. Schiller, Ballade „Der Graf von Habsburg", Ausgabe Hanser, München 1965, Bd. 1, S. 378
[4]) Bernhard Poll, Geschichte Aachens in Daten, Aachen 1960, S. 80

4. Abteilung: Nach der Historie „Die Reise“

Wie wir

- der Römerherrschaft,
- der Taufe Chlodwigs,
- dem Reich Karls des Großen,
- der Reichsteilung

nachgereist sind, nach Reims auf der belgischen Strecke, zurück nach Aachen auf der luxemburgischen Strecke, und wie wir gefunden haben

- Saint-Remi,
- die Kathedrale zu Reims,
- das „Palais du Tau“,
- die Erinnerung an Jeanne d'Arc und die Krönungen,
- Gottesdienst in Saint-Jacques.

Promenade 2: Die Route

Geht man Caesars Gallischem Krieg auf der Landkarte nach, so findet man eine fast kreisförmige Spirale, die etwa am Genfer See beginnt, nordwärts über die Vogesen hochsteigt und sich dann in einem großen Bogen bis an die Ardennen nach Westen wendet, vorbei an Normandie und Bretagne wieder Richtung Süden, um dann ostwärts bei Alise-St. Reine (Alesia) nordwestlich von Dijon auszulaufen.

Als wir am 22. April 1999 unsere Reimsfahrt starten, fahren wir ein Stück an dieser „Caesarlinie" entlang, nämlich an ihrem nördlichen Teil. Unser Bus bringt unsere Reisegesellschaft, etwa 60 Sängerinnen und Sänger einer Chorgemeinschaft nebst Anhang und Freunden, vom Südrand Aachens zur belgischen Grenze und von dort über die Autobahn nach Lüttich, dicht vorbei an Herstal, dem vermutlichen Geburtsort Karls des Großen, westwärts Richtung Namur, vorbei an Charleroi, woher 1835 mein Urgroßvater mit der belgischen Glasindustrie nach Stolberg bei Aachen kam, bis zum belgisch-französischen Grenzübergang westlich von Mons, dessen Stadtkrone uns fasziniert. Von dort geht es über die französische A 2 in Richtung Cambrai, wo eine der größten Panzerschlachten des 1. Weltkriegs getobt hat, dann auf der A 26 südwärts, vorbei an St. Quentin, an Laon mit der Kathedrale auf dem Berg, geradewegs auf Reims zu. Die Reimser Kathedrale grüßt, wie ein großes Schiff über den Häusern schwimmend, schon von weitem.

Diese Routenbeschreibung lässt Historie anklingen, große Geschichte um Charlemagne, kleine private Geschichte um Glasindustrie und Familie. Die Landschaft ist nicht gerade sensationell; leichte Höhen mit Weideland und Wäldern im belgischen Osten, Flachland mit Äckern und Wiesen im französischen Norden, bis dann die Kreidefelsen der Ile-de-France beginnen, an deren Rand Reims liegt.

Flüsse und Gewässer haben wir gekreuzt: in Belgien Maas und Albert-Kanal, in Frankreich Sambre, Oise und Aisne. Reims liegt an der Vesle, einem Nebenfluss der Aisne.

Die Ankunft in Reims ist überwältigend. Nach schwungvoller Stadteinfahrt von der A 26 aus fahren wir über die Rue Libergier, vorbei am Denkmal der Jeanne d'Arc auf die Fassade der Kathedrale zu, steigen aus und staunen.

Einfahrt in Reims: Die Kathedrale beherrscht das Bild. Wir sind begeistert!

Was ist aus dem keltischen „oppidum", dem Durocortorum der Römerzeit geworden! – Aber noch gibt es keine Besichtigung, wir fahren zum Hotel am Stadtrand, belegen unsere Zimmer und lassen uns nach einer kleinen Stärkung und Ruhepause vom Bus wieder in die Stadt bringen.

Übrigens: Die Fahrt im Bus ist nicht nur praktisch wegen der Beweglichkeit „vor Ort", sondern auch die günstigste und schnellste Möglichkeit, eine Gruppe von Aachen nach Reims zu bringen. Ich habe mir einmal die Angaben über eine Bahnfahrt Aachen – Reims besorgt und bin sehr erstaunt, dass per Bahn die Fahrt über Paris geht, dort einen Fußmarsch vom Gare du Nord zum Gare de l'Est und Umsteigen in einen neuen Zug erfordert und insgesamt selbst im Zeitalter des Thalys sechs Stunden dauert!

Eine weitere Alternative zur Hinfahrt lerne ich kennen, als ich erst viel später – nach der Heimkehr – das Internet unter www.aachen.reims.de befrage und folgende Wegbeschreibung erhalte:

- Autobahn Richtung Lüttich (E 40)
- Abfahrt Richtung Verviers (E 40)
- Hinter Verviers erste Abfahrt Richtung Theux
- Ab hier Landstraße, gut ausgebaut
- In Theux Richtung Autobahn Lüttich (E 25), diese in Richtung Luxemburg
- Hinter Bastogne Richtung Brüssel (E 411)
- Nach ca. 12 km auf die vierspurige Landstraße N 89 Richtung Bouillon
- Grenze überqueren Richtung Sedan (E 46)
- Bei Sedan Richtung Charleville-Mézières (E 44)
- In Charleville-Mézières auf die E 46 Richtung Reims.

Hier soll die Autofahrtzeit je nach Verkehr ca. drei Stunden betragen.

Dem Partnerschaftskomitee Aachen – Reims, über das ich unter Promenade 14 berichte, danke ich für diese zusätzliche Information!

Promenade 3: Die Geburtsstätte des Frankenreiches: Saint-Remi

Nicht ohne Vorbedacht beginnen unsere Führerinnen noch am Ankunftstag das Besichtigungsprogramm unserer Gruppe mit dem Besuch der Klosterkirche des heiligen Remigius, liebevoll abgekürzt „Saint-Remi" genannt. Hier fing alles an.

Mit der Taufe des heidnischen Merowingerfürsten Chlodwig durch den Bischof Remigius von Reims im – vermutlich – Jahr 498 n. Chr. fing die Geschichte des christlichen Merowinger- und Frankenreiches, der Keimzelle des Reiches Karls des Großen und dessen, das wir politisch und ideologisch europäisches Abendland nennen, an.

Blick von Süden

Die Taufstätte von 498 steht nicht mehr. Es steht eine wundervolle Kombination von romanischem Lang- und Querhaus aus dem 11. Jahrhundert und gotischen Erweiterungen aus dem 12. Jahrhundert. Diese gotischen Erweiterungen wiederum teilen sich auf in die Verlängerungen des Westwerks mit seinen noch groben, unverzierten Strebepfeilern und in das Wunderwerk des gotischen, für viele Bauten der französischen Gotik so maßgebenden Chores mit seinen fünf Conchen, der Hauptkapelle und den vier Nebenchören.

Das Langschiff beschert dem Architekten und Kunsthistoriker wichtige Einblicke in die Verbindung von Romanik mit anschließender Gotik, wobei die „Brüche" möglichst vermieden werden und Übergänge stattfinden. – Den Besucher erfreut und erhebt beim Eintritt durch die Westfassade der Blick und der Durchgang durch das weit schwingende Kirchenschiff von 120 Metern Länge, mit dem großen Radleuchter, einer Nachbildung des zerstörten Originals. Anne Prache schreibt, der Leuchter erinnere „an eine mit Türmen bestückte Befestigungsmauer."[1]) Der Aachener Besucher ist natürlich sogleich an den „Barbarossaleuchter" im Oktogon des Aachener Domes erinnert, ebenfalls ein mit Türmen geschmückter Radleuchter, das Himmlische Jerusalem der Johannes-Apokalypse darstellend.

Beim Durchschreiten bewundern wir das Spiel der Bögen, Pfeiler und Arkaden, die mitzuschwingen scheinen, wenn man sich durch das Langhaus auf den Chorbereich zubewegt.

Pilgerkirche „geht" mit dem Pilger. In den letzten Jochen sehen wir auf der Nordseite eine seltsame Bilderwand, aus quadratischen Steinplatten zusammengefügt, Bilder aus dem Alten Testament zeigend. Es sind ehemalige Bodenplatten aus der dem hl. Bischof Nicasius geweihten Kirche, die einst neben Saint-Remi stand und im Kaiserreich abgerissen wurde. Anne Prache schreibt hierzu: „Die bemerkenswerte Qualität der scharfen Zeichnung ähnelt der von Buchmalerei aus der Zeit um 1300. Das entspricht ungefähr dem Zeitpunkt, zu dem Robert de Coucy, der

Blick auf das Chorhaupt von Osten

zugleich Architekt des oberen Fassadenabschnittes der Kathedrale und des Chores von Saint-Nicaise war, den Fußboden gelegt haben muß."[2] Nikasius war Bischof in Reims im 5. Jahrhundert, noch vor Chlodwig. – Ich erwähne seinen Namen und das Gedächtnis an ihn hier auch darum, weil in Aachen direkt hinter dem Krönungsstuhl ein sog. „Nikasius-Altar" steht, der nach Ernst Günther Grimme 1305 dem Thron angefügt wurde.[3] Dies weist auf Aachen – Reimser Querverbindungen hin, die mit dem Krönungsgeschehen zu tun haben müssen, wie auch die Aachener Schatzkammerdirektorin Hertha Lepie im Gespräch bestätigt.

Der Altarraum von Saint-Remi ist höher als das Langschiff. Durch eine geniale Anbindung wird er über das Querschiff hinüber an das Langschiff herangeführt. Das ist sicher nicht ohne Sinn so gemacht, so gedacht worden. „Überhöhung" ist angesagt.

Denn im Chorbereich spiegelt sich das historische Geschehen, und hier findet der Pilger sein Ziel. Hier sehen wir den Sarkophag des Remigius, des Täufers von Chlodwig. In diesem Sarkophag liegt der Schrein mit den Reliquien des Remigius. Und in diesem Sarkophag lag – lag! – die „Sainte Ampoule", jenes heilige, von Mythen umwobene Gefäß mit dem Öl der Königssalbung, von Gott selbst dem „Allerchristlichsten König" zugesandt.

Woher kam das Gefäß? Keiner weiß es. Wohin ging es? Es wurde 1793 vom Conventionnel Rühl zerschlagen, später angeblich in Resten wieder entdeckt. Vermeintliche Salbreste wurden 1825 für eine letzte Krönung, nämlich Karls X. eingesetzt, aber der Zauber war vergangen. Karls Nachfolger Louis Philippe und Napoléon III verzichteten auf die Krönung in Reims. Mit Napoléon III ging denn auch 1871 das französische Königtum zu Ende.

Zauber? Wirklichkeit? Jedenfalls Mythos von historischer Wirkkraft. Über diese historische Wirkkraft wird an anderer Stelle dieses Buches berichtet (Promenade 8).

Saint-Remi: Unsere Reisegesellschaft ist beeindruckt von der modernen Plastikgruppe auf dem Freigelände hinter dem Chor der Kirche. Hier ist die Taufe des jugendlichen Chlodwig durch den Bischof Remigius dargestellt. Ein junger Mann kniet vor dem Bischof und beugt sich dem Taufritus. Remigius soll dem Chlodwig gesagt haben: „Beuge still deinen Nacken, Sicamber, verehre, was du verfolgtest, verfolge, was du verehrtest."[4]) – Dies hat Chlodwig dann auch getan. Er hat zumindest kräftig alles verfolgt, was ihm im Wege stand.

Von Saint-Remi aus ging an den Krönungstagen die Prozession mit dem heiligen Öl zur Kathedrale, wo der neue König mit seinem Gefolge die göttliche Krönungsgabe erwartete. Dieser Weg wurde als „Rue des Sacres" bezeichnet, wobei „Sacres" nicht nur ganz allgemein „heilige Dinge" bezeichnet, sondern für das Krönungsgeschehen, nämlich für die Salbung mit dem Öl aus der „Sainte Ampoule", steht.

Wir Gäste gehen diesem etwa zwei Kilometer langen Weg nicht nach. Am Ankunftstag sind wir voller Eindrücke: Die Anreise, das Staunen vor der gewaltigen Fassade der Kathedrale, der Besuch in der „Schlüsselkirche" Saint-Remi – das alles genügt fürs erste und will bei einem guten Abendessen mit Wein und Gesprächen im Hotel eindringen in unsere Köpfe und Herzen.

---

[1]) Anne Prache, Reims, Würzburg 1985, S. 75

[2]) Anne Prache, a.a.O., S. 75 f.

[3]) Ernst Günther Grimme, Der Dom zu Aachen, Aachen 1994, S. 54

[4]) Gregor von Tours, Fränkische Geschichte 1, Essen und Stuttgart 1988, S. 144

Promenade 4: Die Kathedrale zu Reims

„Notre Dame“ – Unserer lieben Frau, der Gottesmutter Maria, ist die Kathedrale geweiht. Sie ist die Krönungskirche der französischen Könige und zählt zu den wichtigsten Kirchen Frankreichs, neben der Hauptstadtkirche Notre Dame in Paris und der Begräbniskirche der Könige, Saint-Denis. In ihr steht die Kathedra der Erzbischöfe von Reims, der „Krönungsbischöfe“, die in der Tradition des hl. Remigius hohen geistlichen, in der Königszeit auch weltlichen Rang hatten. Den Franzosen ist die Kathedrale von Reims ein Nationalheiligtum.

Als unsere Reisegesellschaft nach der Ankunft in Reims aus dem Bus aussteigt, gilt der erste Blick der Fassade der Kathedrale. Wir sind hingerissen von der himmelstürmenden Gotik der Westseite, ihrem Figurenschmuck und dem Reichtum des Maßwerks. Wir freuen uns auf die Besichtigung der Kathedrale am nächsten Tag.

Ehe es zu dieser Besichtigung kommt, müssen wir daran denken, dass die Reimser Kathedrale in ihrer heutigen Form das Ergebnis ganz großer Wiederaufbaubemühungen nach den Zerstörungen des Ersten Weltkriegs ist. Die Kathedrale lag im Schussfeld der deutschen Artillerie 1914 und 1918 und erlitt unsägliche Beschädigungen, die an eine Grundzerstörung herankamen. Kein Geringerer als der Deutsch-Franzose Professor Carlo Schmid, einer der Gründerväter der Bundesrepublik Deutschland, der im Ersten Weltkrieg als deutscher Offizier vor Reims lag, erinnert sich: „Ich sah oft durch das Scherenfernrohr zu den Türmen der Kathedrale von Reims, deren Zerschießung die gebildete Welt so erregt hatte. Was man von der ehrwürdigen Krönungskirche noch sah, war so zerbröckelt wie die alten Stadtviertel überhaupt. War es durch irgendeine Norm des Ehrenkodexes zu rechtfertigen, dass dieses Wunder der Gotik, von dem so mancher Baumeister und Steinmetz deutscher Dome und Münster seine Muster bezogen hatte, zerstört werden durfte? Die Kriegsraison scheint bei vielen alles zu decken, was für das Schussfeld gut ist. Der moderne Krieg transzendiert jede Moral.“[1])

Erschütternd und doch so majestätisch: Die Kathedrale nach den Zerstörungen durch deutsche Artillerie 1914. Dieses Foto unbekannter Herkunft wurde im Internet gefunden.

Glücklicherweise transzendiert auch internationale Hilfsbereitschaft aus aller Welt Zerstörungswut und Schäden: Die zerstörte Kathedrale kann wieder aufgebaut werden. Allein die amerikanische Rockefeller-Stiftung finanziert die Wiederherstellung des riesigen Daches, zwanzig Jahre muss gebaut und restauriert werden, bis man 1938 die Kathedrale von Reims wieder in ihrem ursprünglichen Zustand betrachten und bewundern kann.

Nun stehen wir am zweiten Tag unserer Reise vor der wiederhergestellten Kathedrale und freuen uns. Die Westfassade ist die schönste und reichste gotische Fassade, die ich je gesehen habe. In vier „Zonen" steigt sie empor. Die unterste Zone ist die der drei Portale, die den Besucher gleichsam „ansaugen", hinein in die drei Schiffe der Kirche. Darüber sehen wir die Zone der großen Rosette, des Rundfensters, flankiert von Spitzbögen und Fialen. Dann folgt die Galerie der Könige mit der Taufe Chlodwigs in der Mitte. Schließlich sehen wir die beiden Turmhelme, aufgelöst in feinste Pfeiler- und Spitzbogenstrukturen. Das Ganze ist durch Übergänge miteinander verbunden, jede Zone ragt in die nächsthöhere hinein, die Waagerechten sind durchbrochen von Wimpergen und Fialen, so dass ein einziges Streben himmelwärts die Fassade beherrscht.

Die „Register": die Portalzone mit den Wimpergen, die Rosette, die Königsgalerie, die Türme. Alles strebt.

Das ikonographische Programm ist so reich, dass es hier nicht ausreichend beschrieben werden kann. Nur einiges sei angedeutet. Beherrschend ist im Wimperg, im Ziergiebel des Hauptportals, die Krönung Marias durch Christus und in der Mitte der Königsgalerie die Taufe Chlodwigs. Damit ist das Thema „Krönung" deutlich akzentuiert, ergänzt durch den „Kreuzessieg" Christi im Wimperg des Nordportals und durch Christi Kommen als Weltenrichter im Wimperg des Südportals.

Besondere Freude bereitet das Betrachten der Szenen und Figuren in den Portalnischen und deren Vorbauten. Hier sehen wir im Hauptportal die Verkündigung der Geburt Jesu durch Gabriel an Maria, die Begegnung von Maria und Elisabeth sowie die Darstellung des Jesuskindes durch Maria im Tempel, drei marianische Szenen also. Und dann natürlich der „Star" der Reimser Skulpturen: im Nordportal der

Fassade der „Lächelnde Engel", „Le sourire de Reims". Sage noch mal einer, das Mittelalter sei nur finster gewesen!

Ähnlichen Reichtum wie an der Westfassade finden wir an den Portalen und Fassaden der Nord- und Südseite. Von ganz besonderer Qualität sind die Strebepfeiler rund um den Kathedralbau. Hier ist statische Funktion aufgelöst in Schönheit und geistliche Aussage, ohne die statische Funktion preiszugeben. Jeder Strebepfeiler trägt eine achteckige Fiale, darunter steht jeweils ein Engel zwischen zwei schlanken Säulen. Patrick Demouy nennt diese Engel „eine Ehrengarde um Notre-Dame, eine Andeutung des Himmlischen Jerusalem. Für die mittelalterlichen Kirchenbaumeister ist die irdische Kirche Sinnbild der Heiligen Stadt; die unvergleichliche Schönheit, die großzügigen Ausmaße und die zahlreichen Symbole erinnern ständig daran."[2)]

Die engelgeschmückten Strebepfeiler umspielen und stützen auch das mächtige Chorhaupt mit seinen fünf Conchen. Diese Chorkapellen wie auch das Hochchor sind mit Fenstern ausgestattet, deren Maßwerk in der gotischen Baugeschichte durch den Namen „Reimser Fenster" (Anne Prache)[3)] gefeiert wird und viele Nachahmer fand: doppelter Spitzbogen, von einem „Sechspass" gekrönt, einer sechsfachen Rosette. Schon um 1230 wird diese Fensterform beschrieben, von Villard de Honnecourt, der sie zeichnet und dazu vermerkt: „Seht hier eine Fensterform von Reims... Ich zeichnete sie, weil sie mir am meisten gefiel."[4)]

Man sollte die Kathedrale, soweit es geht, „umschreiten" und den gewaltigen und doch so gegliederten Komplex in sich aufnehmen, um dann durch eines der Westportale einzutreten in den Innenraum.

Der erste Eindruck ist der einer wundervollen Harmonie. Die Kirche öffnet sich mit ihrem Hauptschiff und den beiden Seitenschiffen zu einem weiten und hohen, wahrhaft königlichen Raum, und man denkt: Ja, hier konnte Krönung stattfinden!

Wir schreiten vorwärts bis in die Vierung, in die Begegnung von Langschiff und Kreuzschiff, und sehen vor uns den Chorraum. Gehen wir hinein, ehe wir uns in der Vierung umschauen. Was sehen wir? Einen dreigestuften Chor, mit Altarzone, Galerie und Fensterbereich. Elf große Fenster krönen den Hochchor. Wir bewundern von innen, was wir schon von außen sahen: die Reimser Fenster. Jetzt sehen wir nicht nur das steinerne Maßwerk, sondern die Bilder und Farben. Wieder steht ein „Programm" vor uns:

Die äußersten beiden Fenster, eins und elf sozusagen, sind grau getönt, stellen unbekannte Bischöfe und Apostel dar. Aber die Fenster zwei bis zehn sind thematisiert. Im Mittelfenster sehen wir Christus am Kreuz und die Madonna mit dem Kind, die Schlüsselfiguren des ganzen Tempels, dann unterhalb der Madonna die „Kirche von Reims" und den Erzbischof von Reims. Hier wird erneut Anspruch deutlich.

Die Chagall-Fenster

Wenn wir den inneren Chorumgang begehen, sehen wir in der Axialkapelle eine besondere Kostbarkeit: drei Fenster von Marc Chagall aus dem Jahre 1974. Den toten und den auferstandenen Jesus im Mittelfenster begleiten rechts und links Szenen aus dem alten Testament: der „Baum Jesse" als das biblische Urbild des auserwählten Stammbaums und Bilder aus der Geschichte der jüdischen Könige sowie die Darstellung der Taufe und Salbung Chlodwigs durch Remigius, die „Urzelle" des Reimser Krönungskultes. So stünde dieser Krönungskult denn am Anfang und Ende unseres Besuches in der Kathedrale von Reims: in der Königsgalerie des Westportals und im Chagallfenster des Chorabschlusses.

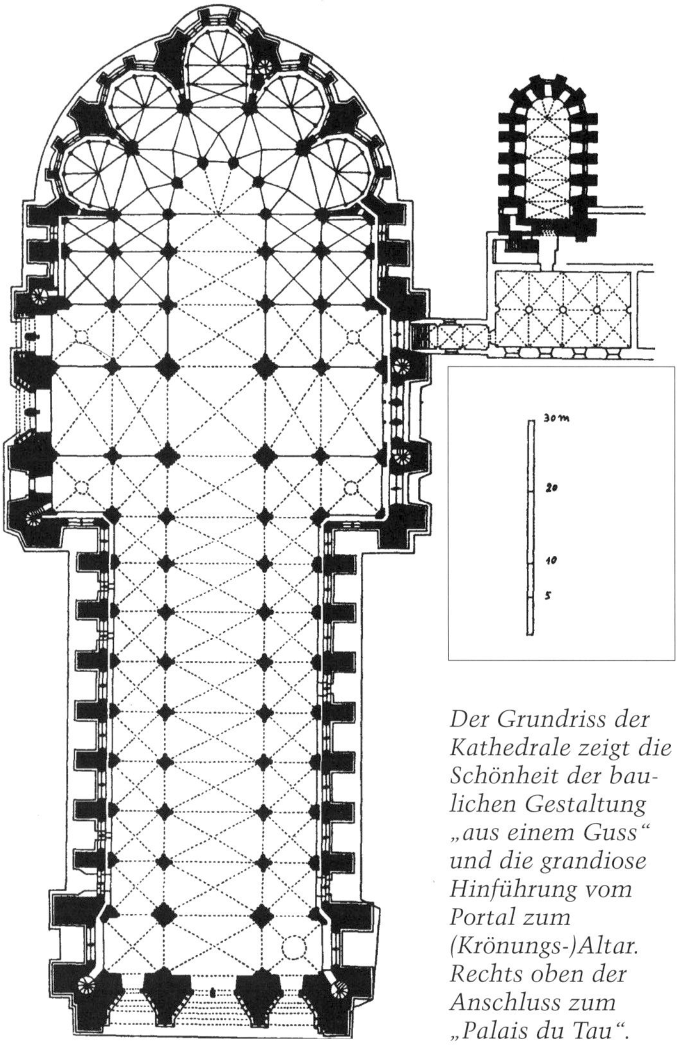

Der Grundriss der Kathedrale zeigt die Schönheit der baulichen Gestaltung „aus einem Guss“ und die grandiose Hinführung vom Portal zum (Krönungs-)Altar. Rechts oben der Anschluss zum „Palais du Tau“.

Mit dieser Pointe könnten wir den Besuch der Kathedrale beenden, wenn es nicht noch ein „Dessert“ gäbe, das man selbst in der Kathedrale von Reims – oder gerade in dieser – nicht auslassen darf, nämlich das „Champagnerfenster“ im südlichen Querschiff, 1954 von Jacques Simon nach alten Techniken geschaffen. Hier sehen wir – herrlich unbekümmert im geistlichen Raum – die verschieden Phasen der Champagnerherstellung in leuchtenden Farben. Wir freuen uns, mal wieder, und verlassen die Kathedrale, wunderbar erhoben und beglückt durch Formen und Farben, Gedanken und Gebete, Lebensfreude und Spiritualität. Monate später, wieder daheim in Aachen, lerne ich Musik kennen, die in die Kathedrale von Reims gehört. Es ist die „Messe de Nostre

So hoch hinauf geht „Gothik“!

Dame" von Guillaume de Machaut, der im 14. Jahrhundert an der Kathedrale von Reims gewirkt hat. Höchst kunstvoll in der musikalischen Liniensprache, vom gregorianischen Choral ausgehend, voll rhythmischer Finesse, lebendig und doch den Nachhall großen Raumes aushaltend, ist sie die absolut stimmende musikalische Ergänzung der weiten gotischen Kirchenarchitektur. Beim Hören erlebe ich den Raum wieder.

---

1) Carlo Schmid, Erinnerungen, Bern/München/Wien 1979, S. 72 f.
2) Patrick Demouy, Die Kathedrale von Reims, Editions la goelette, S. 37
3) Anne Prache, Reims, Würzburg 1985, S. 69
4) Günther Binding, Was ist Gotik? Darmstadt 2000, S. 79 u. 201 f.

Promenade 5: Das „Palais du Tau" und die Wanderung von Kunstwerken

Das ehemalige erzbischöfliche Palais in Reims schließt direkt südlich an die Kathedrale an. Seinen Namen hat es von seinem Grundriss, der dem griechischen Buchstaben „Tau", unserem T, nahe kommt. Heute ist in diesem Palais das Museum der Kathedrale untergebracht. Wir besuchen es gleich nach der Besichtigung der Kathedrale. Das passt gut, inhaltlich wie stilistisch.

Die wichtigsten Elemente des Palastes sind die Kapelle aus dem 13. Jahrhundert und der spätgotische Ehrensaal aus dem 15. Jahrhundert. In diesem Saal fanden nach den Krönungen die Festmahle statt. Heute zeigt er unter einem majestätischen Kielbogengebälk kostbare Gobelins an den Wänden.

Diese Gobelins haben zwei wichtige Themen: Einmal das Leben Marias, dann Szenen aus der Vita des Chlodwig. Künstlerische Beschreibungen sind hier nicht so wichtig, wichtiger ist der Hinweis auf ihre Bedeutung in der Reimser Geschichte. Und diese Bedeutung ist groß. Maria ist die Patronin der Kathedrale. Chlodwig ist der christliche Begründer der Merowinger-Dynastie, aus der das Frankenreich erwuchs. Beides ist hier in herrlichen Tapisserien dokumentiert. Das Anschauen lohnt sich und macht Freude. Man lernt Gobelins „lesen".

Aber nicht nur Gobelins gibt es im Palais du Tau zu sehen. „Was nach den Verheerungen der Revolution von dem Domschatz übrig blieb, fand in zwei Tresorräumen nahe der Kapelle Platz", schreibt Patrick Demouy.[1] – „Die Hauptwerke sind der Kelch der

Beim Durchgang „geblitzt": Der Talisman

Der Krönungskelch

Krönungszeremonie (um 1200) und der Talisman Karls des Großen (9. Jahrhundert)."[2]

Hier kommen wir zu einem interessanten Phänomen, nämlich zur „Wanderung" von Kunstwerken im Zuge geschichtlicher Vorgänge. Wem „gehören" eigentlich Kunstwerke? – Der Talisman Karls des Großen war nämlich ursprünglich im Bestand der Aachener Domschatzkammer. Er soll aus dem 9. Jahrhundert stammen und zu den Reliquiaren gehört haben, die Karl der Große bei der legendären Graböffnung in Aachen durch Otto III. im Jahre 1000 am Halse getragen haben soll. Dies berichtet der Katalog zur Aachener Krönungsausstellung 2000; der Katalog fährt fort: „Der Talisman enthielt ursprünglich wohl Haare Mariens. Er ist seit dem 16. Jh. im Schatz der Aachener Marienkirche nachweisbar. 1804 wurde er mit anderen Reliquien von Bischof Berdolet der Kaiserin Joséphine überreicht. Heute befinden sich Partikel vom Kreuze Christi in dem Reliquiar. Der Austausch der Reliquien könnte um 1804 erfolgt sein. In diesem Jahre erhielt Kaiserin Joséphine während ihres Aufenthalts in Aachen den Talisman vom Aachener Bischof Berdolet zum Geschenk, dazu noch einen Madonnenanhänger aus byzantinischer Zeit, den man bei der Graböffnung am toten Karl gefunden haben soll, die so genannte ‚Lukas-Madonna'. Durch Joséphines Tochter Hortense gelangte der Talisman in den Besitz Napoleons III. Dessen Gattin, die ehemalige Kaiserin Eugénie, übergab das wertvolle Kunstwerk 1919 dem Reimser Kardinal Lucon."[3] Die Lukas-Madonna ist heute im Cleveland Museum, Ohio.[4] Wie sie dahinkam, weiß ich nicht. – Spannende Geschichten! – Wir sehen den Talisman bei unserem Rundgang in Reims und sinnieren ein wenig darüber, was wohl sonst noch aus den Aachener Schätzen „abgewandert" ist, zum Beispiel die Reichsinsignien, die heute in Wien sind, oder die kostbaren antiken Porphyr-Säulen aus dem oberen Umgang des Aachener Oktogons, die 1784 herausgebrochen wurden und von denen noch heute einige im Pariser Louvre fest eingebaut sind. Umgekehrt:

Der Krönungsmantel Karls X.

Woher stammen wohl so manche Stücke im Aachener Domschatz, die wir so selbstverständlich als angestammtes Erbe hüten? Wir sehen im Palais du Tau auch zahlreiche Skulpturen aus der Kathedrale, meist Originale der mittlerweile an der Kathedrale stehenden Kopien. Das beginnt schon im Treppenaufgang mit einer Marienkrönung, die ursprünglich das Hauptportal der Kathedrale schmückte. In den Sälen sehen wir Köpfe aus den Bogenläufen der Portale, Figuren von den Strebepfeilern und von der Nordrose, so die Eva mit der Schlange, oder von der Südrose, so die ergreifenden Figuren der Ecclesia und der Synagoge. – „So stehen im Palais du Tau die frühesten Beispiele der Bildhauerkunst vom Chorhaupt aus den Jahren 1211 bis 1220 neben den vor 1240 geschaffenen des Querschiffs und neben den Figuren der Fassade, die zur selben Zeit oder später enststanden sind. Gerade diese Zusammenstellung lässt ganz unmittelbar den Reichtum an Erfindung und die Schöpferkraft der Reimser Werkstätten des 13. Jahrhunderts ermessen."[5]

---

1) Patrick Demouy, Reims, S. 12
2) Demouy, a.a.O. S. 12
3) Mario Kramp (Herausg.), Krönungen, Mainz 2000, Katalog I, S. 101 f.
4) Ernst Günther Grimme, der Dom zu Aachen, Aachen 1994, S. 336
5) Anne Prache, Reims, Würzburg 1985, S. 68

Promenade 6: Die Jungfrau von Orléans und die Krönung Karls VII. in Reims

Schon bei der Einfahrt nach Reims, kurz vor der Kathedrale, sahen wir das Standbild der Jeanne d'Arc, der „Jungfrau von Orléans". Wir fragten: Wieso in Reims? Und wir lernten, dass in allen französischen Städten das Bildnis der Jeanne d'Arc, der französischen Nationalheiligen, zu finden ist, dass aber doch zu Reims eine besondere Beziehung besteht, nämlich zur Krönungsstadt der französischen Könige, die gerade in einer Lage höchster Not eine entscheidende Rolle spielte. Wir erfuhren:

Der Hundertjährige Krieg lastete auf Frankreich von 1337 bis 1453. Er war im Ansatz ein Erbfolgekrieg zwischen dem Nachfolgegeschlecht der Kapetinger, den Valois, und Eduard III. von England, der als Enkel des letzten Kapetingers Philipp IV. Ansprüche auf Frankreichs Thron erhob.

Es sieht zunächst nicht gut aus für Frankreich. Ein Frieden von Brétigny unterbricht 1360 den Krieg, dann kommt es zum Bürgerkrieg, in den sich König Heinrich V. von England einschaltet. In der Schlacht von Azincourt erleiden 1415 die französischen Truppen eine schwere

Aus dem Bus geknipst: Das Denkmal

Niederlage. 1420 wird Paris vom Engländer besetzt, große Teile Nordfrankreichs werden erobert, Orléans wird belagert, der Dauphin Karl VII. ist in einer verzweifelten Situation. – Da geschieht das Wunder: Ein 17-jähriges Mädchen aus Lothringen, Jeanne d'Arc, tritt auf, überzeugt den Dauphin und seine Berater von seiner Sendung, und stellt sich an die Spitze der Truppen, die begeistert und neu motiviert die Belagerung von Orléans aufsprengen.

Und nun geschieht das, weswegen die Geschichte in diesem Buch dargestellt wird: Jeanne veranlasst Karl, den Dauphin vor allen weiteren kriegerischen Maßnahmen, etwa dem sofortigen Entsatz von Paris, nach Reims zu ziehen und sich dort salben und krönen zu lassen!

Das heißt: Ehe Karl VII. nicht zum Allerchristlichsten König gesalbt und gekrönt ist, stimmt die Legitimation nicht, fehlt der Segen des Himmels, kann der Kampf mit den Engländern in Frankreich nicht gewonnen werden.

Karl fügt sich und zieht nach Reims. Dort wird er am 17. Juli 1429 mit dem Öl aus der Sainte Ampoule gesalbt und zum König von Frankreich gekrönt. Sein Autoritätsproblem gegenüber dem französischen Hochadel ist damit gelöst.

Hochinteressant ist es nun, in den Prozessakten der von den Engländern gefangenen Jeanne nachzulesen, wie sie die Krönung beschreibt, welche göttlichen Einflüsse sie der Krönung zuspricht. Die Salbung mit dem heiligen Öl steht ganz außer Frage; es kommt bei Jeanne d'Arc noch etwas hinzu, das ebenfalls als himmlische Gabe in die Königsweihe einfließt: Die Krone kommt vom Himmel, sie wird vom Erzengel Michael herbeigebracht.

Lesen wir nach in den Protokollen über den Prozess der Jeanne d'Arc.[1]) Der Prozess fand 1431 in Rouen statt.

Es fragte der Richter: „Was war das für ein Zeichen, das Euer König empfing?"

Jeanne antwortete: „Es ist schön und schätzenswert, glaubwürdig und gut, und das Kostbarste, das es gibt."
Richter: „Kam es von Gott?"

Jeanne: „Es war ein Engel von Gott und von niemand anderem, der das Zeichen dem König übergab."
Richter: „Welches war das Zeichen, das Eurem König übergeben wurde? Wie überreichte der Engel die Krone? Drückte er sie auf das Haupt Eures Königs?"
Jeanne: „Sie wurde einem Erzbischof übergeben – dem von Reims, glaube ich – in Gegenwart des Königs. Der Erzbischof hat sie empfangen und dem König gebracht. Ich war selbst dabei."
Richter: „Woraus war die Krone gemacht?"
Jeanne: „Aus feinstem Gold, bei Gott! Und so reich, wie ich es zu beschreiben vermag. Die Krone bedeutete, dass der König das Königreich Frankreich erhalten würde."

Diese Version kehrt während des Prozesses immer wieder; Jeanne bleibt standhaft und ohne Widerspruch bei ihrer Aussage: Die Krone kam von Gott durch den Erzengel. Dem Erzbischof von Reims wurde sie dargereicht, und dieser gab sie dem König, der durch Salbung und Krönung den Rang und die Würde des Allerchristlichsten Königs erhielt.

Im Rechtfertigungsprozess des Jahres 1450, der 21 Jahre nach Johannas Feuertod ebenfalls zu Rouen stattfindet, finden sich zahlreiche Stimmen, die alles bestätigen, was Johanna im Verteidigungsprozess gesagt, nur von der geheimnisvollen Krone ist nicht mehr die Rede. Es heißt immer nur allgemein, dass Karl VII. auf den dringenden Rat der Jungfrau nach der Befreiung der Stadt Orléans nach Reims gegangen sei, um dort durch Salbung und Krönung sein Königstum zu offenbaren und sie zu legalisieren, nach göttlichem Recht.

Und so zeugt denn noch heute ganz besonders auch in Reims das Stadtbild der Jeanne d'Arc, der „Pucelle", wie die Franzosen so liebevoll sagen, von der Vision und dem Mut eines tapferen und frommen Mädchens.

---

1) Ruth Schirmer-Imhoff (Herausg. u. Übers.), Der Prozeß der Jeanne d'Arc, München 2001, S. 54ff.

Promenade 7: Saint-Jacques – Kirche „in Betrieb"

Wir haben in Reims die Kathedrale besichtigt, wir haben Saint-Remi gesehen, aber da waren wir Touristen, „Sehleute", die nur zum Anschauen und Bewundern und – vielleicht – zum Beten kamen. – Bei Saint-Jacques war das anders. In Saint-Jacques durften wir mitfeiern, mitsingen, französischen Gottesdienst erleben. Das haben wir denn auch getan.

Saint-Jacques – diese Kirche liegt im alten Mauerring der Stadt Reims und stammt in ihrem Kern aus dem dreizehnten und vierzehnten Jahrhundert. Der spätgotische Chor wurde im sechzehnten Jahrhundert hinzugefügt. Die Renaissance komplettiert mit ihren Kapellen und Säulen das Ensemble der schönen Kirche.

Der Abbé, zugleich auch Pfarrer der Kathedrale, begrüßte uns. Auch der Vorsitzende des Partnerschaftskomitees Aachen – Reims und seine Vertreterin waren da und fanden freundliche Worte. Gottesdienst wurde zur schwesterlich-brüderlichen Vereinigung. Wir waren Partner. Wir spürten, dass die lebendige Tradition des gemeinsamen Glaubens ein wichtiges Element auch einer Städtepartnerschaft sein kann.

Saint-Jacques, Gemeindekirche

Unser Beitrag beim Gottesdienst: Wir sangen „Exultate Deo" von Scarlatti. „Tollite hostias" aus dem Oratorio de Noël von Camille Saint-Saëns, andere lateinische Motetten. Wir hörten vom Altar und aus der Gemeinde lebendige Gebetsrufe und Volksgesänge, spürbar inspiriert von Taizé, wir erlebten einen Gottesdienst der Fröhlichkeit und der feiernden Gemeinschaft, und wir fühlten uns geborgen und aufgenommen. Wir waren zuhause. Und doch, was war anders?

Natürlich die andere Landessprache. Aber für den liturgisch einigermaßen Informierten ist wegen des erkennbar gleichen Grundschemas die Brücke leicht zu schlagen. War es eine andere Zusammensetzung der Gemeinde? In Frankreich liegen beim Gottesdienstbesuch Männer und Frauen fast gleichauf, während bei uns die Frauen stark überwiegen. Der Jugendanteil ist in Frankreich fast doppelt so hoch wie bei uns. Dagegen steht ein in Frankreich deutlich kleinerer Gesamtanteil der regelmäßigen Kirchenbesucher an der weit überwiegend katholischen Bevölkerung[1]). Deutet dies insgesamt auf mehr persönliche Entscheidung, auf eine andere Kirchlichkeit? Eine mehr von innen kommende Frömmigkeit, mehr Innigkeit, Gespräch mit Gott anstelle des organisierten Bekenntnisses? (Diesen Eindruck hatte ich übrigens nicht nur in Reims, sondern auch in anderen Gegenden Frankreichs, etwa in Burgund, in Paris. Taizé habe ich schon erwähnt.)

Beides ist wohl wichtig: die Kundgebung wie das Gebet. Ist es falsch, dass ich in Deutschland mehr die Kundgebung, in Frankreich mehr das Gebet finde? Ich weiß es nicht. Ich denke nur, Mysterium ist ohne Hingabe nicht spürbar. Ich meine damit nicht falsche Theatralik. Schlichtheit ist erwünscht, Wahrhaftigkeit gefragt. In französischen Kirchen glaube ich all dies zu spüren, stärker als daheim.

Dabei ist das Seltsame, dass in Frankreich Gottesdienst stattfindet in Räumen, die der Kirche nicht gehören!

Ich habe das vor unserer Reise nicht so genau gewusst und lerne jetzt dazu: Die Revolution von 1789 hat nicht nur den ersten Stand, den Adel, sondern auch den zweiten Stand, den Klerus, entmachtet und enteignet. Kirchenvermögen wurde Staatsvermögen. Kirche und Staat wurden getrennt. Die verfassungsrechtlichen Konsequenzen wurden gezogen und seither im

Im Schatten von Saint-Jacques kann man auch gut essen …

… und einkaufen

Prinzip nicht mehr geändert. So haben wir heute in Frankreich die folgende Rechtslage im Verhältnis zwischen dem Staat und der katholischen Kirche:

Staat und Kirche sind getrennt. Seit dem Gesetz vom 9. Dezember 1905 erhält die katholische Kirche kein Geld vom Staat. Die vor Inkrafttreten des Gesetzes gebauten Kirchen gehören den Zivilgemeinden bzw. den Departements und dem Staat und stehen so genannten „Kultvereinen" zur Verfügung. Die Kultvereine werden von ihren Mitgliedern durch eine Umlage und durch Spenden finanziert und „betreiben" die Kirchen. Sie bezahlen auch die Priester und das übrige Kultpersonal.

So verstehen wir, dass in den Gottesdiensten „pour le culte" gesammelt wird. Der Franzose holt sich im Gottesdienst seine gezahlte Kirchensteuer nicht ab, sondern er bringt sie. Wir ahnen dann auch, dass Gottesdienst in Frankreich eine sehr viel persönlichere Angelegenheit ist als bei uns. Ob daher die größere Intensität der Teilnahme des Einzelnen kommt, die ich in Saint-Jacques zu spüren glaube?

Zurück zu unserer Reise und zum Gottesdienst in Saint-Jacques: Drei Kirchen hat unsere Gruppe in Reims besucht, die Kathedrale, Saint-Remi und Saint-Jacques. In der Kathedrale haben wir gestaunt, in Saint-Remi gelernt, in Saint-Jacques gebetet und gesungen.

Was war wichtiger? Ich denke, alles miteinander.

---

1) Paul M. Zulehner/Hermann Denz, Wie Europa lebt und glaubt, Düsseldorf 1993, S. 34ff.

Promenade 8: Wieder die Route – jetzt von Reims nach Aachen

Die Rückfahrt von Reims nach Aachen nimmt einen anderen Verlauf als die Hinfahrt. Diese war über die Nordroute gegangen und hatte den Halbkreis von Aachen durch Belgien und Nordfrankreich geschlagen. Nun aber fahren wir von Reims aus nach Süden und biegen bald gen Osten. So beschreiben wir einen neuen Halbkreis, der durch Frankreich nach Luxemburg und von dort durch die Eifel nach Aachen zurückführt.

Was sehen wir? Was erleben wir?

Wir erleben einen Kreis, der uns um europäisches Kernland führt. Das gilt für den Kreis selbst, für seinen Inhalt und für seine Peripherie. Wollen wir zunächst den Kreis beschreiben.

Der Kreis: Wir starten am Morgen in Reims, verlassen die Stadt wieder an der Westseite und fahren auf die A4, zunächst Richtung Südost, bis die Autobahn nach Osten dreht und ziemlich gerade Metz ansteuert. Die Fahrt geht dicht vorbei an Verdun, dem Platz des Kämpfens und Sterbens im Krieg 1914 – 1918, wo europäische Jugend, idealistisch aufgeheizt, den Krieg vergeblich zu wenden versuchte, tötete und verblutete. – An Metz, der Hauptstadt des Departements Moselle, fahren wir vorbei, bedenkend, dass hier die strategische Grenzfestung gegenüber der deutschen Reichsgrenze, ein wichtiger Kreuzungspunkt von Römerstraßen und eine Stätte bedeutender Sehenswürdigkeiten liegt, biegen nördlich von Metz auf der A31 nach Norden und erreichen Luxemburg. Auch hier ist keine Gelegenheit zu Besichtigung und Aufenthalt, wohl zu Hinweisen auf die Bedeutung der Stadt Luxemburg für europäische Institutionen und für das internationale Geld- und Geschäftswesen. – Von der Stadt Luxemburg führt der Weg über gut ausgebaute Straßen durch das schöne Land Luxemburg mit seiner gepflegten Agrarstruktur bis zur belgischen Grenze und nordwärts weiter durch Ardennen und Eifel auf die belgische Autobahn, die dann bei Verviers wieder in die Bahn Lüttich – Aachen einmündet. Alles geht glatt und schnell, wie das so ist bei Heimfahrten: Man will nach Hause.

Der Inhalt: Wenn wir jetzt Hinfahrt und Rückfahrt zusammensetzen, dann erhalten wir einen Kreis (siehe Karte), nicht einen geometrisch sauberen, vielleicht eher sogar ein Viereck, mit dem wir, ich sagte es schon, europäisches Kernland umfahren haben. Es ist die Keimzelle des Frankenreiches, etwa unter Childerich, von der dann die weitere Entwicklung ausging.

Die Peripherie dieses Raumes: Sie führt uns – noch unter Childerich – hinaus in das Reich des Syagrius im Westen und Süden. Unter Chlodwig kommt dann Alamannien hinzu, unter Chlodwigs Söhnen Burgund. Das Reich Karls des Großen ist ohne diesen „Vorlauf" nicht denkbar. Wir haben dies alles ja zu sehen und zu beschreiben versucht. Wichtig ist hier, dass wir auf unserer Reise von Aachen nach Reims und zurück die Wurzeln spüren, die unsere europäische Entwicklung getragen haben und die bis heute nicht abgestorben sind. Wir dürfen sie nicht vergessen, auch wenn sich heute unser Europa weit auftut nach Osten und Norden. So wird die Peripherie unseres Kreises zur grandiosen Perspektive, die sich aber nicht im „Irgendwo" verlieren darf.

Auch nach unserer Heimkehr ist die Reise Aachen – Reims nicht zu Ende. Es gibt noch so viel zu entdecken und zu erleben. Bleiben wir neugierig und offen dafür. Und vergessen wir nicht die Wurzeln.

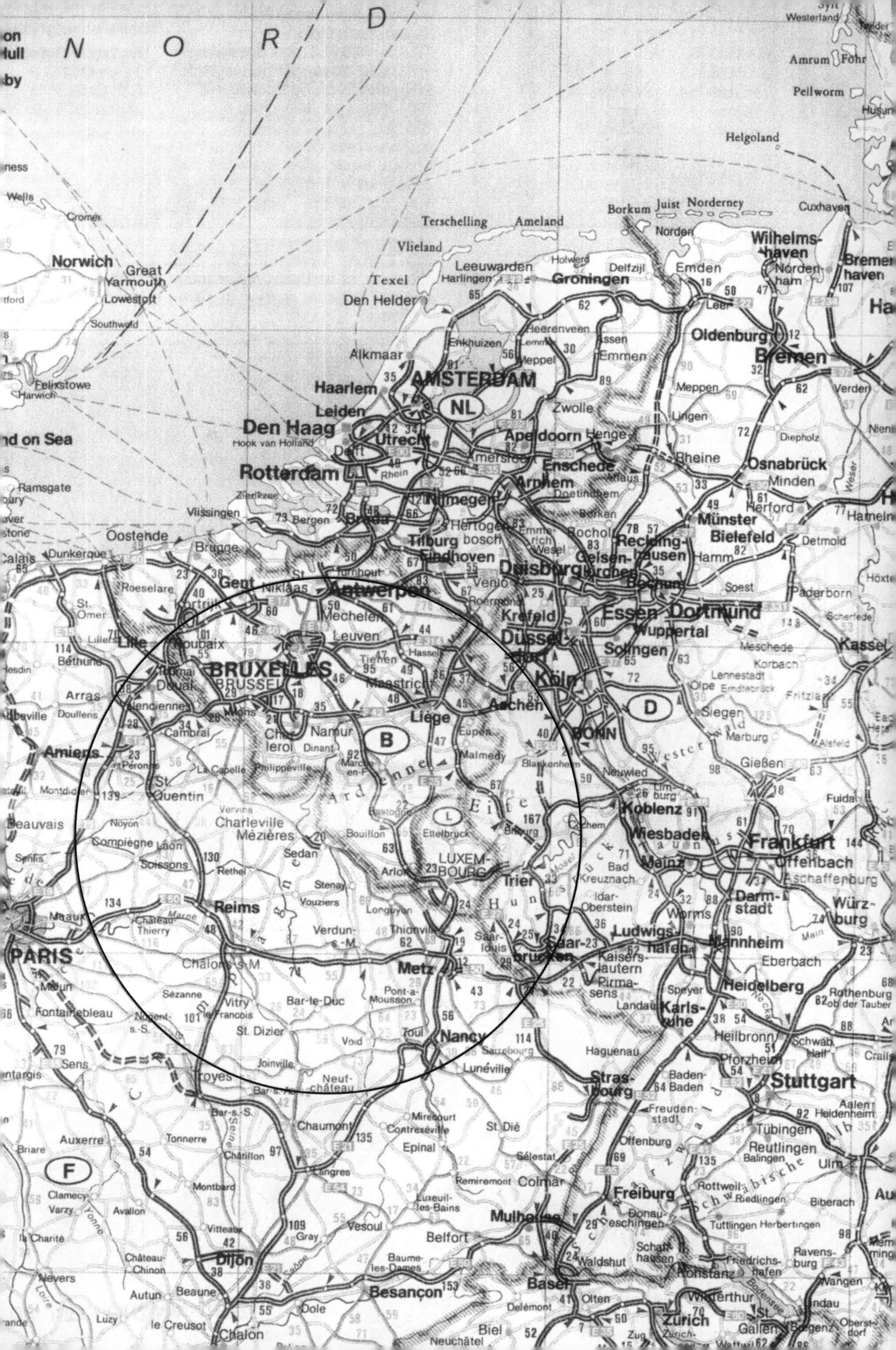
N O R D
Westerland
Amrum
Föhr
Pellworm
Helgoland
Norwich
Great Yarmouth
Lowestoft
Southwold
Felixstowe
Harwich
Cromer
Wells
Ramsgate
Calais
Dunkerque
Oostende
Brugge
Gent
Roeselare
Kortrijk
St. Omer
Lille
Roubaix
Béthune
Arras
Doullens
Amiens
Péronne
St. Quentin
Montdidier
Beauvais
Noyon
Compiègne
Laon
Soissons
Senlis
Meaux
PARIS
Château Thierry
Reims
Rethel
Charleville Mézières
Sedan
Stenay
Vouziers
Verdun-s.-M.
Châlons-s.-M.
Sézanne
Vitry le François
Bar-le-Duc
St. Dizier
Joinville
Neufchâteau
Troyes
Bar-s.-S.
Chaumont
Langres
Tonnerre
Châtillon
Auxerre
Sens
Fontainebleau
Melun
Nogent-s.-S.
Briare
Clamecy
Varzy
Avallon
Montbard
Vitteaux
Dijon
Beaune
Autun
Nevers
La Charité
Château-Chinon
Le Creusot
Chalon
Luzy
Dole
Gray
Vesoul
Besançon
Baume-les-Dames
Belfort
Luxeuil-les-Bains
Remiremont
Epinal
Mirecourt
Contrexéville
St. Dié
Sélestat
Colmar
Mulhouse
Basel
Delémont
Biel
Neuchâtel
Olten
Zürich
Winterthur
Waldshut
Schaffhausen
Konstanz
Friedrichshafen
Ravensburg
Wangen
Lindau
Bregenz
St. Gallen
Donaueschingen
Tuttlingen
Herbertingen
Riedlingen
Biberach
Ulm
Rottweil
Balingen
Tübingen
Reutlingen
Stuttgart
Aalen
Heidenheim
Freiburg
Offenburg
Freudenstadt
Baden-Baden
Strasbourg
Haguenau
Sarrebourg
Lunéville
Nancy
Toul
Void
Pont-a-Mousson
Metz
Thionville
Longuyon
Arlon
LUXEMBOURG
Ettelbruck
Bouillon
Bastogne
Trier
Saarlouis
Saarbrücken
Kaiserslautern
Pirmasens
Landau
Speyer
Karlsruhe
Pforzheim
Heilbronn
Schwäb. Hall
Heidelberg
Mannheim
Ludwigshafen
Worms
Eberbach
Darmstadt
Mainz
Wiesbaden
Frankfurt
Offenbach
Aschaffenburg
Würzburg
Rothenburg ob der Tauber
Bad Kreuznach
Idar-Oberstein
Koblenz
Limburg
Neuwied
Gießen
Marburg
Alsfeld
Fulda
Siegen
Olpe
Lennestadt
Korbach
Meschede
Kassel
Paderborn
Soest
Hamm
Bielefeld
Herford
Detmold
Hameln
Minden
Osnabrück
Münster
Recklinghausen
Gelsenkirchen
Bochum
Dortmund
Essen
Wuppertal
Solingen
Duisburg
Krefeld
Düsseldorf
Köln
BONN
Aachen
Eupen
Malmedy
Blankenheim
Liège
Maastricht
Hasselt
Tienen
Leuven
Mechelen
Antwerpen
St. Niklaas
BRUXELLES
BRUSSEL
Mons
Cambrai
Douai
Valenciennes
Charleroi
Namur
Dinant
Philippeville
La Capelle
Vervins
Marche-en-F.
Turnhout
Venlo
Roermond
Eindhoven
Tilburg
's-Hertogenbosch
Breda
Bergen
Vlissingen
Zierikzee
Rotterdam
Den Haag
Hook van Holland
Delft
Leiden
Haarlem
AMSTERDAM
Utrecht
Amersfoort
Alkmaar
Den Helder
Texel
Vlieland
Terschelling
Ameland
Harlingen
Leeuwarden
Heerenveen
Enkhuizen
Lemmer
Meppel
Assen
Emmen
Groningen
Delfzijl
Zwolle
Apeldoorn
Arnhem
Nijmegen
Doetinchem
Enschede
Hengelo
Borken
Bocholt
Wesel
Emmerich
Borkum
Juist
Norderney
Norden
Emden
Leer
Oldenburg
Wilhelmshaven
Nordenham
Bremerhaven
Cuxhaven
Bremen
Verden
Meppen
Lingen
Rheine
Diepholz
NL
B
L
D
F
Ardennen
Eifel
Westerwald
Hunsrück
Taunus
Schwäbische Alb
Schwarzwald
Bodensee
Rhein
Mosel
Main
Weser
Seine
Marne
Loire
Yonne
Saône

5. Abteilung: „Fronten, Kriege, Brückenschläge"

Wie die Französische Revolution über die deutsche Grenze zieht und

- Strukturen geistig und politisch verändert,
- der alte Streit um die Rheingrenze wieder auflebt und
- Kongresse und Waffenstillstände nicht viel helfen.

Kapitel 18: Die Revolution jenseits und diesseits der Grenze

Am 14. Juli 1789 wird in Paris die Bastille, ein Gefängnis, gestürmt. Das Volk siegt über das absolute Königtum und die Adelsherrschaft. Fast hundert Jahre später, 1880, wird der 14. Juli zum Nationalfeiertag Frankreichs erklärt.

Die Feudalordnung wird abgeschafft, die Bauern werden frei, das Heer löst sich auf, eine Nationalgarde unter La Fayette soll für Ordnung sorgen.

Liberté, Égalité, Fraternité, Freiheit, Gleichheit, Brüderlichkeit – diese Menschenrechte sind die neuen Forderungen an die Gestaltung der Gesellschaft.

Am 5. und 6. Oktober 1789 ziehen die Marktweiber nach Versailles und zwingen König Ludwig XVI. in die Tuilerien, in das Stadtschloss nach Paris.

Das Vermögen des Königs, der Kirche und der emigrierten Adeligen wird eingezogen und bildet die Basis für darauf ausgegebene „Assignaten", Papiergeldscheine, die 1790 gesetzliche Zahlungsmittel werden und zur Inflation führen.

All dies und noch vieles mehr geschieht 1789/90 in Paris un Versailles. Es ist Ausdruck einer lange aufgestauten Unzufriedenheit mit der absoluten Monarchie und ihrem Monarchenbild, mit dem Gefälle von „oben" nach „unten", mit der Unterdrückung des bürgerlichen „Dritten Standes" durch die Stände des Klerus und des Adels, mit der Un-Gleichheit, der Un-Freiheit, der Un-Brüderlichkeit. Da halfen auch keine Konzessionen des Königs, keine Zulassung der Abstimmung der Stände nach Köpfen mehr; das Maß war übervoll und platzte.

Wie gesagt, all dies geschieht in Paris und Versailles; aber es geschieht nicht nur hier und für Frankreich; der berühmte „Geist der Zeit" überschreitet Grenzen. Heinz Otto Sieburg schreibt in seiner „Geschichte Frankreichs": „Entscheidend ist, dass die Französische Revolution von vornherein den

Anspruch erhoben hat, nicht alleine Frankreich, sondern darüber hinaus der Menschheit das Glück einer vernunftbestimmten, freiheitlichen und die Autonomie des Individuums garantierenden politischen und gesellschaftlichen Lebensweise zu bringen. Ihre Grundprinzipien strahlten sogleich auf das übrige Europa aus, wurden dort schließlich durch die Kriege Napoleons machtvoll ausgebreitet und gestalteten den südwestlichen Teil unseres Kontinents bis 1848 so tief greifend um, dass damit ein neues Zeitalter, das der modernen Demokratie, begann."[1)]

Nach diesem großen Bogenschlag blenden wir zurück auf Aachen und Reims, und wir wundern uns nicht, dass wir auch hier die tiefen Spuren der Revolution finden.

Aachen wird schon 1792 von Truppen der Revolutionsarmeen eingenommen, kurzfristig von Österreichern entsetzt, doch 1794 mit dem gesamten linksrheinischen Gebiet dem französischen Staatsgebiet eingegliedert. Dieter P. J. Wynands: „Wie in fränkischer Zeit lag Aachen nicht mehr peripher. Die straff organisierte französische Verwaltung bemühte sich, Reformen durchzuführen. Tatsächlich veränderte die Stadt, die Vorort des Roer-Departements geworden war, in vielerlei Hinsicht ihr Aussehen. So ließen die Franzosen die Befestigungsanlagen schleifen, Straßen begradigen und verbreitern, den Lousberg aufforsten, die Stadt und das Umland vermessen und neu einteilen. Maße und Gewichte wurden auf das Dezimalsystem umgestellt, die Gewerbefreiheit beseitigte die altertümliche Zunftverfassung, die staatliche Eheschließung drängte den Einfluss der Kirche zurück. Viele Klöster und Orden lösten die neuen Herren auf."[2)]

Ein beachtliches Programm, ein großes Pensum! Vieles davon wirkt nach bis heute, in Straßenführungen und Offenheit der Stadt zum Umland, in Rechtsvorschriften und sprachlichen Formen. Der Bildersturm im religiösen Bereich war weniger radikal als in anderen französischen Städten, wie zum Beispiel in Reims.

Dort wurden in den Anfangswirren der Revolution zahlreiche Kirchen und Skulpturen zerstört. Vor allem in der Kathedrale sieht man noch heute viele Standbilder ohne Köpfe und ohne heilige Symbole. Und das Ärgste: Die Sainte Ampoule, das heilige Gefäß mit dem Salböl der allerchristlichsten Könige, wurde auf dem Platz vor der Kathedrale zerschlagen. Gottesgnadentum gab es im Zeitalter der Vernunft nicht mehr, und die Erinnerung an Heiliges sollte ausgelöscht werden. – Es heißt übrigens, ein Scherben des heiligen Gefäßes mit einem Rest Salböl habe gerettet werden können, so dass nach der politischen Restauration der Bourbone Karl X. am 29. Mai 1825 in der Kathedrale von Reims mit allem überlieferten Pomp gesalbt und gekrönt werden konnte.

Es darf nicht unerwähnt bleiben, dass Napoleon der Stadt Aachen besondere Aufmerksamkeit zuwandte. Er sah sich als Nachfolger und Vollender der Gestalt und der Politik Karls des Großen, und er soll mit dem Gedanken gespielt haben, seine Kaiserkrönung in Aachen zu vollziehen, ehe er sich dann am 2. Dezember 1804 in der Pariser Kirche Notre Dame selbst krönte. Napoleon bestimmte 1802 Aachen zum ersten Mal zum Sitz eines Bistums; ihm verdankte die Stadt „die Rückkehr des 1794 nach Paderborn verlagerten Domschatzes und die Rückgabe der Karlsfigur am Brunnen vor dem Rathaus."[3)]

Aachen und das Domkapitel bedankten sich hierfür und schenkten der Kaiserin aus dem Domschatz den goldenen „Talisman Karls des Großen." Dieser Talisman gehört heute zu den kostbarsten Exponaten im Tau-Museum von Reims. In der „Palais-du-Tau"-Promenade haben wir ihn schon betrachtet.

Die Zeit der „Freien Reichsstadt" ist zu Ende, auch die seit einem Jahrtausend bestehende Zugehörigkeit Aachens zum Bistum Lüttich.

Sehen wir den Zusammenhang. Thomas Nipperdey schreibt in seiner grandiosen „Deutsche Geschichte 1800 – 1866": „Die fast tausendjährige Geschichte des Heiligen Römischen Reiches deutscher Nation war zu Ende. Altmodisch, schwerfällig, ohne wirkliche Macht war es der Revolutionierung der europäischen Verhältnisse nicht gewachsen; der ungeheure Machtdruck der Armeen der französischen Revolution wie Napoleons, die Sprengkraft der inneren Gegensätze, des preußisch-österreichischen Dualismus wie des Souveränitätsstrebens der Territorialfürsten, die Überlebtheit der zersplitterten Herrschaftsorganisation von Reichskirche, Reichsadel und Reichsstädten – das vernichtete seine Existenz ... Das Ende der bestehenden Ordnung, durchdringende Veränderungen, Neuordnung – das stand jetzt auf der Tagesordnung."[4)]

Zurück zu Aachen. In der „Franzosenzeit" verlebt im französischen Einflussfeld ein junger Mann seine Lehr- und Wanderjahre, der schon bald (1817) als Wahl-Aachener unserer Stadt ganz wichtige Impulse bringen wird: David Hansemann. 1790 als Pastorensohn bei Hamburg geboren, absolviert er seine Lehrzeit im westfälischen – jetzt französisch verwalteten! – Rheda. Dort wird er 1804 als Lehrling aufgenommen, in der Firma Schwenger. Diese Lehrstelle ist ein wirklicher Glücksfall. Nämlich: Der Chef des Hauses Herr Ferdinand Schwenger, ist nicht nur der Prinzipal im Geschäft, sondern auch der Bürgermeister von Rheda. Er zieht seinen lernbegierigen Lehrling David Hansemann auch zur Unterstützung bei den Amtsgeschäften heran. Hansemanns Biograph Alexander Bergengrün beschreibt das so:

„Der wichtigste Teil der Amtsgeschäfte bestand in der Repartition der Steuern, der Führung der Steuerrollen und der fortwährenden Berichterstattung an den Präfekten des Departements. Die Bücher und die Korrespondenz mussten aber französisch geführt werden. So fand Hansemann … eine sehr günstige Gelegenheit zur praktischen Betätigung und Vervollkommnung seiner Sprachkenntnisse. Vor allem aber gewann er Einblick in die Organisation der Verwaltung, und es musste für ihn von nicht zu unterschätzender Bedeutung sein, dass es gerade das schlagfertige, nüchterne, zweckmäßige napoleonische System war, das der Jüngling bei seiner ersten Beschäftigung mit öffentlichen Angelegenheiten kennen lernte und das seinen ersten politischen Gedanken Inhalt und Richtung gab."[5)]

So bestätigt sich im Kleinen, was Nipperdey für die von Frankreich annektierten Gebiete, also auch für die ehemalige Freie Reichsstadt Aachen, insgesamt schreibt: „Eine Sonderrolle spielen die linksrheinischen Gebiete, die von 1801 bis 1814 aus dem Kreis der deutschen Staaten ausgeschieden waren und zu Frankreich gehörten. Hier hatte ein besonders altmodisches, vorabsolutistisches, feudalständisches System bestanden, hier war der Modernitätsumbruch am schärfsten, die Reform am radikalsten. Kirche und Adel wurden enteignet; das straffe, rationale und effektive französische Verwaltungssystem wurde eingeführt, vor allem das französische Rechts- und Gerichtssystem, das auf Freiheit des Indidividuums und des Eigentums, sozialer Mobilität und Gleichheit vor dem Gesetz beruhte, dazu Schwurgerichte und öffentliches mündliches Verfahren: diese Rechtsrevolution hat in Verbindung mit der guten Konjunktur im Rahmen der französischen Kriegswirtschaft den Aufstieg der bürgerlichen Eigentümergesellschaft und die Entfesselung der Wirtschaft besonders begünstigt. Die rheinischen Gebiete waren sozial gesehen dem restlichen Deutschland weit voraus."[6]

Ein Zusatz, wichtig für die ganze Aachener Region: Am 21. Juni 1804 wird auf französische Initiative die Aachener Handelskammer gegründet. Hieraus leitet die IHK Aachen in ungebrochener Tradition ihre heutige Existenz ab. David Hansemann war in zwei Amtsperioden Präsident dieser Kammer. Ich selbst hätte „ohne Napoleon" nicht von 1981 bis 1997 Präsident der IHK Aachen sein können. Das berührt einen schon.

---

1) Sieburg, Geschichte Frankreichs, Stuttgart 1995, S. 166
2) Wynands, Kleine Geschichte Aachens, Aachen 1990, S. 55
3) Stephany, Aachen, Dt. Kunstverlag, S. 13
4) Thomas Nipperdey, Deutsche Geschichte 1800 – 1860", München 1983, S. 14
5) Alexander Bergengrün, David Hansemann, Berlin 1901, hier zitiert nach Heinz Malangré, David Hansemann 1790 – 1864, Aachen 1991, S. 19
6) Nipperdey a.a.O., S. 78

Kapitel 19: Zeitsprünge – Immer wieder: Der Rhein

Schon zu Römerzeiten war Gallien definiert durch seine natürlichen Grenzen: Im Norden und im Westen der Atlantik, im Süden die Pyrenäen und das Mittelmeer, im Osten der Rhein und die Alpen. Über zwei Jahrtausende hat sich dieses Hexagon, dieses Sechseck mit dem heutigen Namen Frankreich, in diesen Grenzen gehalten, nur im Osten, am Rhein, wechselten die Linien; der Rhein blieb Frankreichs Traumgrenze, manchmal erreicht, nie gehalten. Auf der deutschen Seite wurde der Rhein zum Trauma, „Deutschlands Strom, nicht Deutschlands Grenze!" Elsaß-Lothringen, Pfalz, Saarland, Rheinland waren seit Jahrhunderten deutsch-französische Konfliktfelder, erst im letzten Jahrhundert – nach 1945 – in eine Ordnung gebracht, die wohl dauerhaft ist. Allenfalls ist eine weitere politische Veränderung noch unter europäischen Vorzeichen denkbar.

Durch den Wiener Kongress 1815 wurde das Rheinland in das Königreich Preußen eingegliedert; die spanischen Niederlande wurden Teil des Vereinigten Königreichs der Niederlande. Damit war die alte „Habsburgische Umklammerung" Frankreichs aufgehoben.

Aber die Unruhe bleibt. Belgien rebelliert, scheidet 1830/31 aus den Niederlanden aus und wird selbstständiges Königreich. Frankreich und England begünstigen dies; Belgien wird neutralisiert und schleift seine Befestigungsanlagen an der französischen Grenze. Luxemburg gehört politisch zu den Niederlanden, bleibt aber bis 1867 preußische Garnison und wird ebenfalls neutralisiert; erst 1890 erhält Luxemburg politische Souveränität: das verkleinerte Luxemburg wird zum Großherzogtum.

Bleibt das Problem Rheinland. Für Frankreich gilt immer noch der Traum Richelieus von der Rheingrenze, jetzt nicht mehr gegen Habsburg, sondern angesichts der immer stärker werdenden Preußen. Es kommt zum Kräftemessen zwischen dem französischen König Napoleon III., dem Neffen des großen Napoleon I., und dem preußischen Ministerpräsidenten Otto von

Bismarck. Spannung liegt in der Luft. Die spanische Thronfolge dient als Aufhänger für die Auseinandersetzung.

Als dem Prinzen Leopold von Hohenzollern-Sigmaringen die spanische Krone angeboten wird, muss Frankreich eine neue Umklammerung befürchten: Nach der habsburgischen nunmehr die preußische, von Westen und von Süden. Frankreich protestiert; der Vater der Erbprinzen erklärt für seinen Sohn den Verzicht auf die Kandidatur. Das genügt der französischen Regierung nicht. Sie fordert durch ihren Botschafter Graf Benedetti den in Bad Ems zur Kur weilenden König Wilhelm zur Erklärung auf, dass er auch künftig eine eventuell erneuerte Kandidatur eines Hohenzollern auf den spanischen Thron nicht zulassen werde. Wilhelm weist dieses auf der Kurpromenade an ihn gerichtete Ansinnen zurück, billigt aber ausdrücklich den durch Leopolds Vater ausgesprochenen Verzicht. Bismarck ist nun bestrebt, den Eindruck einer diplomatischen Demütigung Preußens zu vermeiden. Darum lässt er die Depesche, die er aus Bad Ems über den Vorgang erhält, so kürzen, dass sie nur noch die Ablehnung der generellen französischen Forderung enthält. In dieser gekürzten Form wird die „Emser Depesche" noch am gleichen Tag den verbündeten Regierungen zugeleitet und in der Presse des Norddeutschen Bundes publiziert.

Damit ist der Eklat perfekt. Die Spekulation Bismarcks geht auf, Frankreich erklärt Preußen am 19. Juli 1870 den Krieg. Zur Enttäuschung Frankreichs stellen sich die süddeutschen Staaten sofort auf die Seite Preußens und erklären ihrerseits Frankreich den Krieg. Sieburg schreibt dazu: „Ganz Deutschland ist von patriotischer Begeisterung erfüllt, die sich gegen das als Erbfeind empfundene Nachbarvolk richtet, das den Rhein begehrt und überdies den zum Greifen nahen politischen Zusammenschluss der Nation zum Einheitsstaat verhindern will."[1)] Eine sehr einseitige Formulierung!

Der Krieg ist in zwei Monaten praktisch entschieden. Nach der Entscheidungsschlacht bei Sedan am 1. September 1870 kapituliert die französische Armee, und Napoleon III. wird deutscher Kriegsgefangener. In einzelnen Provinzen wird noch gekämpft, Paris ist belagert und kapituliert am 28. Januar 1871.

Die politischen Folgen sind immens. Noch einmal Sieburg: „Sedan bedeutet eine einschneidende Zäsur in der französischen Geschichte: drei Tage danach brach in Paris die Revolution aus, die das Kaisertum hinwegfegte, und die Zukunft sollte erweisen, dass dieser Abschied Frankreichs von jeder Form der Monarchie endgültig war."[2]) – Es gibt eine grandiose literarische Verarbeitung dieser Zeit, des Krieges 1870/71, des sterbenden Kaiserreiches, den Roman „La Débacle", in deutscher Übersetzung „Der Zusammenbruch", von Emile Zola, geschrieben 1892. Der Korporal Jean und sein Freund Maurice erleben die Schlacht von Sedan und die Belagerung und Verteidigung von Paris, zuletzt in verschiedenen Lagern als Kaiserlicher und als Republikaner. Frankreich bricht auseinander. – Gleich am Beginn des Romans stiehlt Maurice sich fort aus der Kargheit des Militärlagers, um noch einmal kultiviert zu frühstücken, im Weichbild von Reims. Das liest sich wie ein Abschied: „Voller Freude über das weiße Tischtuch, entzückt über den Weißwein, der im Glase funkelte, aß Maurice zwei weiche Eier in einem Gefühl von Schlemmerei, das er gar nicht an sich kannte. Wenn er den Kopf wandte, hatte er links durch einen der Eingänge der Laube die Aussicht über die weite, mit Zelten bedeckte Ebene ... Aber über dem Dächergewirr von Reims, das die Wipfel der Kastanien verdeckten, hob sich das gewaltige Schiff der Kathedrale von der blauen Luft ab, riesenhaft trotz der Entfernung neben den niedrigen Häuern." Und dann sind wir mitten im Thema: „Und Schulerinnerungen, auswendig gelernte und hergestotterte Aufgaben kamen ihm ins Gedächtnis zurück: die Königssalbungen, das heilige Salbgefäß, Chlodwig, Jeanne d'Arc, das ganze ruhmreiche alte Frankreich."[3])

Ein Kaiserreich geht zu Ende, ein anderes entsteht: Am 18. Januar 1871 wird im Spiegelsaal von Versailles Wilhelm I. zum deutschen Kaiser proklamiert. Für ein knappes halbes Jahrhundert wird Deutschland wieder zur stärksten Macht auf dem Kontinent. Der Sedantag wird zum Nationalfeiertag. Aber auch: „Der Sedantag war von Anfang an nicht nur ein Fest deutschen Auserwähltheitsbewusstseins, er war auch ein Fest der deutsch-französischen Erbfeindschaft, mit der es 1870/71 seinen Anfang nahm und an die heute keiner mehr gern erinnert werden will."[4]) – Die Überheblichkeit des Siegers hat den Stolz des Verlierers schmählich missachtet und getreten. So schrieb die Berliner Kreuzzeitung unmittelbar nach der Schlacht von Sedan: „Mit dem 2. September beginnt ein neues Zeitalter – die Hegemonie des germanischen Geistes auf Erden ... Als wir den Kaiser der Franzosen, seine Marschälle und Soldaten auf dem

Schlachtfelde von Sedan gefangen nahmen, endete das Zeitalter französischer Gewalttaten, französischer Halbbarbarei und begann die Periode deutschen Friedens und der deutschen Bildung."[5] – Schlimmeres, Falscheres kann man einem Franzosen nicht sagen.

Im Frankfurter Frieden vom 10. Mai 1871 werden Elsaß und Lothringen an Deutschland abgegeben. Die Rheingrenze ist für Frankreich ferner denn je.

Die Provinzstadt Aachen blüht auf. Sie ist im „Dreiländereck" Deutschland – Niederlande – Belgien als Grenzstadt und Drehscheibe nicht schlecht platziert und hat Freude an der neuen Eisenbahnlinie, die seit 1841 von Köln nach Aachen und weiter an die Scheldemündung mit dem wichtigen Hafen Antwerpen führt. Gründerzeit und Dampfmaschine halten Einzug. Preußen schickt seine Beamten, meistens Protestanten. Schinkel baut in Aachen Stadttheater und Elisenbrunnen.

Französische Bildung ist auch dem Preußentum nicht fremd. Die Freundschaft Friedrichs II., des Preußenkönigs, mit Voltaire trägt bildungsmäßig Früchte auch für Deutschlands Westen. Der Hass auf Frankreich hält sich hier in Grenzen. Die industrielle Revolution, von Westen kommend, wirkt positiv. Auch die Mentalität der Menschen ist überwiegend frankophil. Berlin ist weit weg, weiter als Paris …

Eines ist noch ganz wichtig. In der „Franzosenzeit" galt in Aachen, wie im ganzen linksrheinischen Gebiet, der französische Code Civil von 1804, das napoleonische Zivilrecht. – Vieles bleibt davon hier weiterhin gültig, auch nach der Einführung des deutschen Bürgerlichen Gesetzbuches, bis auf den heutigen Tag. Dies gilt z. B. für manche Bestimmungen des Nachbarschaftsrechts oder auch für die Notarordnung mit ihrer strikten Trennung von Notaren und Rechtsanwälten, die man rechts des Rheines nicht kennt. So sind wir in Aachen immer noch „ein bisschen Franzosen".

---

1) Sieburg, Geschichte Frankreichs, Stuttgart 1995, S. 335
2) Sieburg, a.a.O., S. 337
3) Emile Zola, La Débacle, 1892, S. 000
4) Sebastian Haffner, Historische Variationen, München 2003, S. 78
5) Zit. n. Haffner, a.a.O., S. 79

Kapitel 20: Monarchenkongress, Waffenstillstände

Am Ende des großen Wirbels von Revolution, Napoléon, Völkerschlacht und Wiener Kongress steht der Aachener Monarchenkongress von 1818. Frankreich wird in die „Heilige Allianz" der europäischen Mächte aufgenommen. Die vier Siegermächte ziehen ihre Besatzungstruppen aus Frankreich ab.

Diese „Heilige Allianz" ist keine Neuauflage des „Wiener Kongresses" von 1815. Dieser hatte Europa neu geordnet: Frankreich behält die Grenzen von 1792, also auch die Zugewinne der Bourbonen ohne die Niederlande; diese werden nun zum neuen Königreich der Vereinigten Niederlande; Preußen erhält die Rheinprovinz und Westfalen; Österreich wird für die Niederlande entschädigt durch Abrundungen in Galizien; Russland erhält Polen; Großbritannien mit Hannover ist der eigentliche Gewinner durch überseeische Positionen.

Die Heilige Allianz, der Frankreich in Aachen 1818 beitritt, ist eine ideologisch fundierte Stiftung des griechisch-orthodoxen Russland, des katholischen Österreich und des protestantischen Preußen, ein „Bund von Thron und Altar", die erste übernationale Friedensorganisation der Neuzeit.[1])

Ort des Beitritts Frankreichs zu dieser Organisation ist, wie gesagt, Aachen – nun nicht mehr Freie Reichsstadt, nicht mehr Hauptstadt des französischen Roer-Departements, auch nicht mehr Bischofssitz, sondern seit Wien 1815 preußische Provinzstadt. Den Aachenern schmeckt das nicht. Die Einrichtung eines Regierungsbezirks Aachen entschädigt ein wenig. Die kirchliche Zuständigkeit wandert ab zum Erzbischof in Köln.

Aber sie arrangieren sich. Sie sind ja als Grenzstädter Übergänge und Symbiosen gewöhnt. Sie „können" es mit den Preußen, und sie unterhalten dennoch gute Beziehungen über die Grenzen hinweg, Richtung Westen. Ein Beispiel: „Neutral-Moresnet". Hier kann man sich beim Wiener Kongress nicht einigen über die nationale Zuordnung eines für die Blei- und Zinkproduktion wichtigen Galmei-Vorkommens im grenznahen Moresnet. Die Lösung: Moresnet wird neutralisiert und bleibt vorerst ausgeklammert aus dem Nationenpoker. Das funktioniert; heute gehört Moresnet zu Belgien und ist uns Aachenern dennoch verbunden als Wallfahrts- und Touristenort, übrigens Teil der „Deutschsprachigen Gemeinschaft" Belgiens, wie Eupen und Malmedy. Hier haben sich im Grenzgebiet Mischformen des Zusammenlebens gebildet, die unter dem Begriff Euregio als kleine Modelle europäischen Zusammenlebens gelten können.

Ja, es hätte alles so schön gehen können nach dem Wiener Kongress. Aber wie zuvor die Spannung zwischen Frankreich und Habsburg die europäische Welt in Bewegung hielt, so spielte ab 1815 eine wachsende Spannung Frankreich – Preußen immer mehr eine Rolle. In dieser Situation gilt Aachen der Regierung in Berlin als unsicherer Kantonist, als „Wanderer zwischen beiden Welten", wie Walter Flex das hundert Jahre später – allerdings in anderen Zusammenhängen – nennen wird. Daher gibt es in Berlin schon bald nach der Angliederung der Rheinlande an Preußen Pläne, den Regierungsbezirk Aachen wieder abzuschaffen. Hiergegen schreiben 1820 Bürgermeister und Rat der Stadt Aachen einen Brief nach Berlin, in dem es heißt: „Aachens Selbständigkeit ging im Revolutionskriege verloren, mit ihr schwanden seine Privilegien, Freiheiten und Rechte dahin. Das französische Gouvernement konnte ihm seinen verlorenen Glanz nicht wiedergeben, allein es ersetzte seinen Verlust, indem es die tief gefallene Stadt in die Zahl der größten Reichsstädte aufnahm, sie zur Hauptstadt des Roer-Departements und zum Zentralpunkt aller höheren Zivil- und Militärverwaltungszweige erhob, ihr einen Bischöflichen Sitz und einen Kriminalgerichtshof einräumte, der das ganze Departement umfasste, und ihr alle die Vorzüge zusicherte, die mit dem Rang eines Hauptortes verbunden waren. Bei der Wiedereroberung des linken Rheinufers verlor Aachen nur einen Teil dieser Vorzüge ... Allein die Stadt erhielt einen neuen Beweis des Allerhöchsten Wohlwollens in der Auszeichnung, die ihr durch ihre Erhebung zum Sitze der Königlichen Regierung zuteil wurde. Die letzte Gabe Eurer Königlichen Majestät, die sie mit kindlichem Dank anerkennt, soll ihr auch nun entzogen werden. Herabsinken soll sie von dem erhabenen Punkt des Sitzes Deutscher Kaiser, von dem hohen Rang einer Krönungsstadt zu einem nackten Grenzort, den nichts von einem Dorfe als ihre bald verfallenen Mauern unterscheidet ..." Es folgt dann noch der freundliche Hinweis, dass der Stadt Aachen „zur Deckung der Kongress-Einquartierungskosten eine außergewöhnliche Steuer von 108 000 Franken" auferlegt worden sei, was 32 000 treue Untertanen zur Verzweiflung bringt. „In diesem Zustand ... soll die unglücklich verarmte Stadt den Sitz der Regierung verlieren und auch den letzten Vorzug ihres ehemaligen Ranges einbüßen. Nein, Euere Majestät kann dieses nicht wollen ..." Viktor Gielen, dem ich dieses wunderschöne Zitat verdanke, fügt hinzu: „Der König hatte ein Einsehen: Aachen behielt die Regierung bis in unser Jahrhundert hinein."[2)]

Kann es sein, dass die alte französische Sehnsucht nach der Rheingrenze nunmehr von einer Anti-Habsburg-Position in eine Anti-Preußen-Position übertragen wurde? Oder besser: dass die Außenpolitik vor allem Napoleons III. aus dem Bruderzwist Preußen/Österreich Kapital zu schlagen versuchte und eine Schiedsrichterrolle anstrebte, die dann die französische Position am Rhein erheblich verbessert hätte? Ein französischer Vertragsentwurf aus dem Jahre 1866, der sog. Benedetti-Vertrag, „enthielt Kompensationswünsche, die Napoleon schon lange insgeheim gehegt ... hatte. Die territorialen Forderungen erstreckten sich auf die ... Gebiete von Saarbrücken und Saarlouis sowie auf die bayerische Pfalz und Rheinhessen, Mainz eingeschlossen."[3)] – Man sieht, alte Träume und Ambitionen waren noch nicht zu Ende. Bismarck begegnete ihnen mit dem Krieg von 1870/71, über den wir an anderer Stelle geredet haben.

Bleiben wir hier bei der Rolle von Aachen und Reims als Orte von Kongressen, Waffenstillständen, Friedensschlüssen. Den – vorläufig – letzten Part in der Folge deutsch-französischer Verhandlungsplätze spielt Reims, gleich zwei Mal, aber mit entgegengesetzten Vorzeichen.

Das erste Mal: Am 7. Mai 1945 unterzeichnet Generaloberst Jodl im Hauptquartier Eisenhowers in Reims die bedingungslose Kapitulation der deutschen Wehrmacht. Damit ist das furchtbare Kriegsgeschehen beendet; aber die Wunden werden noch lange bluten.

Das zweite Mal: Der französische Präsident Charles de Gaulle und der deutsche Bundeskanzler Konrad Adenauer reichen sich am 8. Juli 1962 in der Kathedrale von Reims die Hand und besiegeln mit Bruderkuss und dem „Te Deum laudamus" eine neu gewonnene Freundschaft beider Länder.

Damit nimmt eine Vergangenheit ein Ende, die trotz gemeinsamer Wurzeln so viele Zerwürfnisse, Missverständnisse und Verschuldungen kannte, ein Bruderzwist, in dem die Eifersucht oft gesiegt hat über Vernunft und Verzeihen. Das soll nun anders werden.

Dass die Signale hierfür gesetzt werden in der Kathedrale von Reims, ist ein Meisterstück der Geschichte. Diese Kathedrale ist wie kein zweites Monument ein Symbol des Verzeihens und des Glaubens an eine bessere Zukunft. Als nach den furchtbaren Zerstörungen des ersten Weltkriegs die Kathedrale nur noch eine gigantische Ruine war, gab es Pläne, sie als Ruine zu konservieren und als Mahnmal an Völkerverbrechen – sprich: Deutsches Barbarentum – zu erhalten. Es gibt ein berühmtes Sonett von Edmond Rostand in dem es heißt: „Ils n'ont fait que la rendre un peu plus immortelle..." Übersetzt: „Sie haben sie nur noch unsterblicher gemacht. Das Werk geht nicht zugrunde, das ein Schurke verstümmelt... Sagen wir Dank dem Richtkanonier der stumpfsinnigen Kanone, denn das Ergebnis ihrer deutschen Geschicklichkeit ist eine Schande für sie, und für uns ein Parthenon!"[4)]

Sie ist kein verstümmeltes Parthenon geblieben, die Kathedrale von Reims, sie wurde wiederaufgebaut zum Mahnmal des Friedens und der Versöhnung. Dafür danken wir Deutschen den Franzosen. Wir danken dafür, dass das „Baptisterium Frankreichs nicht zu einer Nekropole"[5)] geworden ist.

---

1) dtv-Atlas der Weltgeschichte, München 2000, S. 317
2) Viktor Gielen, Aachen im Vormärz, Eupen 1982, S. 50 ff.
3) Heinz-Otto Sieburg, Geschichte Frankreichs, Stuttgart/Berlin/Köln 1995, S. 331
4) Hier zit. nach Patrick Demouy, Reims – Die Kathedrale, Regensburg 2001, S. 100 f.
5) Patrick Demouy, a.a.O., S. 101

6. Abteilung: „Zwei Städte in zwei Geschichten"

– Trennendes?

– Gemeinsames?

Promenade 9: Krönungen in Reims und Aachen

Wir waren bei unserem „historischen Schnelldurchlauf" schon früh an einem Punkt angelangt, an dem sich nach der endgültigen Reichsteilung und der ersten Festigung staatlicher Konturen Deutschland und Frankreich als Königreiche gegenüberstanden, deren Herrscher sich einer je eigenen Krönungsstätte bedienten. Wir kommen damit zurück auf die Rolle und Eigenart beider Krönungsorte: der Städte Aachen und Reims, unserer „Titelheldinnen" sozusagen.

Wir begegnen da einem Phänomen, das für den exakt messenden Naturwissenschaftler unverständlich ist, zunächst wenigstens. Geschichte ist nicht einfach „da", sie wird allmählich, in kleinen Schritten, manchmal sogar rückwirkend, gelegentlich aus einer Wunschvorstellung heraus, aus einem Ideal, das dann Wirklichkeit formt und diese „ex tunc", rückwirkend fixiert. Nur so kann ich mir – neben dem mehr „hausbackenen" Aachener Krönungsritus – den sehr subtilen und transzendierenden Reimser Krönungsmythos erklären.

Damit wir nicht allzusehr ins Irrationale und Mythische abgleiten: Betrachten wir die Sache einmal unter dem Aspekt des „historischen Bedarfs". Spätestens seit Otto I., dem Großen, haben wir ein deutsches Reich, in seinem Bestand nach Westen stabil, nach Süden stark auf Italien und Rom bezogen, im Osten expansiv. Das Kaisertum mit der Krönung durch den Papst in Rom gehört seit Otto zu den Ansprüchen der deutschen Könige, die – mit Ausnahmen – in Aachen gekrönt werden. – In Frankreich herrschen noch Karolinger, bekämpft durch die Robertiner, bis nach dem Aussterben der Karolinger dort die Kapetinger sich als Königsgeschlecht durchsetzen. Aus einer zunächst schwachen, von allen Seiten eingeengten Monarchie wird mehr und mehr eine Zentralmacht mit einem starken König.

„Historischer Bedarf" – wenn man das überhaupt so nennen darf – bedeutet dann die Notwendigkeit einer hochgradigen Positionierung des französischen Königtums im eigenen Land, dann auch gegenüber dem deutschen Kaisertum und dem Papst.

Der Aachener Thron war besetzt. Der Königs- und Kaiserstuhl Karls war der Erzstuhl des Reiches, sein Inhaber war der König des deutschen Reiches und der gesicherte Anwärter auf die Krönung zum Kaiser durch den Papst.

Daran kann auch ein später westfränkischer Karolingerspross nichts mehr ändern, Lothar, der 978 bei einem Ausfall nach Aachen den Reichsadler auf der Pfalz kurzerhand von Osten nach Westen dreht und wieder abzieht. (Wir sprachen schon darüber in den historischen Kapiteln.) Otto II. ist überstürzt geflohen, setzt aber dann nach und dringt weit nach Frankreich vor, bis zu den Mauern von Paris. Das Ganze wirkt wie ein Prestigeakt; gewollt war wohl nur eine Demonstration der westfränkischen Ansprüche oder Wünsche gegenüber ostfränkischem Besitzstand. Bald kommt für die französischen Karolinger das Aus: Nach dem Tod Ludwig V. wird Hugo Capet zum König gewählt, und es beginnt die fast dreieinhalb Jahrhunderte währende Herrschaft der Kapetinger (987 – 1328).

Hausmacht der Kapetinger ist die Isle de France, also der Raum Paris – Orleans. Dieser Raum ist umgeben von mächtigen Herzogtümern und Grafschaften: Flandern, Burgund, Aquitanien, Gascogne, Toulouse, Spanische Mark, Blois, Anjou, Maine, Bretagne; deren Herzöge und Grafen sind gegenüber dem neuen Königsgeschlecht auf Machterhalt bedacht. Umso mehr muss dem König daran gelegen sein, seine Vorrangstellung zu belegen und auszubauen.

Und hier kommen jetzt Mythos und Legende ins Spiel. Der Bericht des Gregor von Tours über die Taufe Chlodwigs im Jahr 498, den wir schon erwähnten, spricht von Geheimnissen und Feierlichkeiten, von Wohlgerüchen, Lichterscheinungen und einer Salbung mit heiligem Öl. Dieser Bericht wird mehr und mehr ausgeschmückt, und schon im 9. Jahrhundert schildert Erzbischof Hinkmar von Reims die Taufe Chlodwigs als seine gleichzeitige Königssalbung mit heiligem Öl, das der Heilige Geist selbst vom Himmel gebracht habe, in der Gestalt einer Taube, mit der „Sainte Ampoule" im Schnabel.

So entwickelt sich über Jahrhunderte eine Krönungslegende, ein Krönungsmythos, eine Krönungstheologie, welche die Salbung als konstitutives Element direkt von Gott kommen lässt und den französischen König zum „rex christianissimus", zum

Dieses Relief aus Saint-Remi deutet Taufe um in Königs-Salbung mit allen himmlischen Beigaben: die göttliche Taube bringt das heilige Öl.

Allerchristlichsten König werden lässt. Das sticht selbst den „nur" vom Papst gekrönten deutschen Kaiser aus, und das hilft dem französischen Königtum nach innen und außen.

Der Salbung aus der Sainte Ampoule steht in Deutschland die Platznahme auf dem Aachener Thron gegenüber, gewiss auch ein Akt, dem geistliche Dimensionen nicht fehlen, gilt doch der Thron aus wieder verwendetem antiken Marmor mit Einritzungen antiker Brettspiele als Reliquie von heiliger Stätte! Aber diese geistliche Dimension ist eingebettet in den Gesamtvorgang der In-Besitz-Nahme des Thrones, einen sehr körperlichen Vorgang.

Der Historiker Max Kerner sagt hierzu: „Für die deutsche Krönungstradition ist er (der Aachener Thron; d. Verf.) das spezifische Merkmal: Was hier die sedes Karoli war, das war in Reims für die französischen Königskrönungen die Sainte Ampoule, das himmlische Salböl, das Erzbischof Remigius von Reims nach Darstellung seines Amtskollegen Hinkmar bei der Taufe Chlodwigs 498(?) in einer heiligen Ampulle aus dem Himmel gereicht bekommen habe. Die Sainte Ampoule und der Karlsthron sind die für die

Bei dem Aachener Thron hängt eine Tafel mit folgendem Text: Nach den neueren, technisch ausgereifteren Untersuchungen von 1999/2000 lässt sich die Datierung auf 935 nicht mehr aufrecht erhalten. Das Fälldatum der Holzstücke liegt nicht um 935, sondern zwischen 760 und 824, mit der höchsten Wahrscheinlichkeit bei 798; das Holz ist auf jeden Fall karolingisch. Der Thron steht auf nicht abgenutztem, karolingischem Originalfußboden … Der Thron ist nie bewegt worden; seit seiner Errichtung steht er an dieser Stelle. Die Marmorplatten sind nicht extra für den Thron geschnitten worden, sondern sie wurden hier wieder verwendet. Alles scheint dafür zu sprechen, dass sie Reliquiencharakter hatten und entsprechend verehrt wurden. Alle Indizien weisen… darauf hin, dass sich an diesem Punkt Mythos und Realität entsprechen: Der Aachener Thron scheint in der Tat der Thron Karls des Großen zu sein.

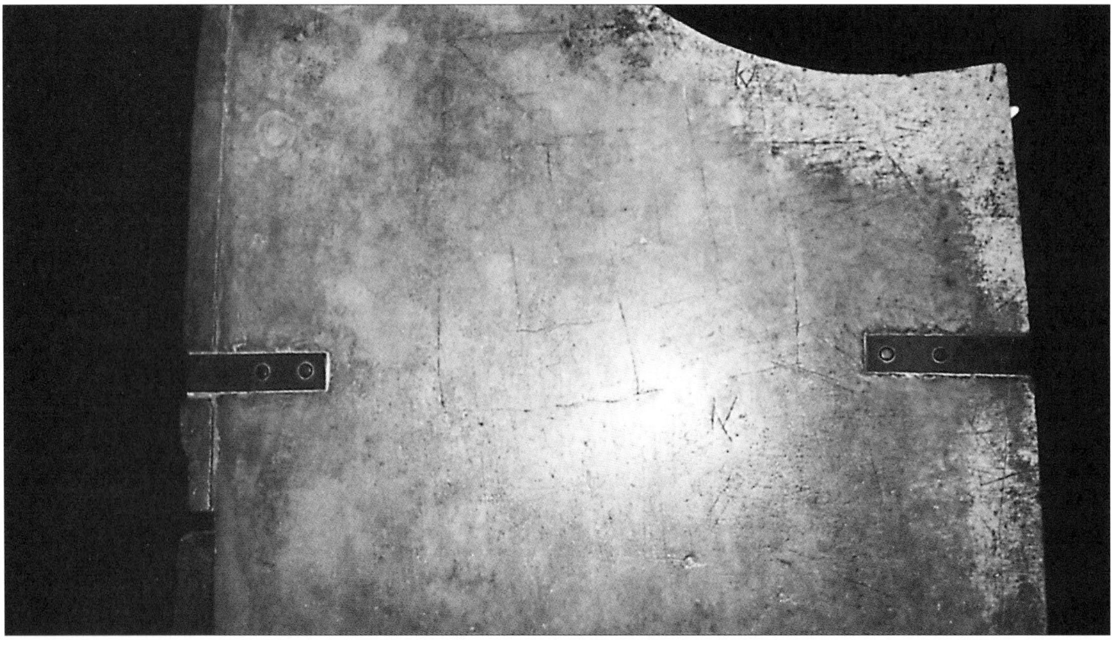

jeweilige Königserhebung unentbehrlichen Objekte, Zeugnisse des jeweiligen Herrschaftsverständnisses."[1])

Meines Wissens gibt es nur einen Herrscher, der sowohl in Aachen wie in Reims gekrönt wurde: Ludwig der Fromme wurde 813 in Aachen zum Mitkaiser Karls gekrönt und ließ sich 816, nach Karls Tod, in Reims nochmals krönen, diesmal durch Papst Stephan IV., während die Aachener Krönung ohne Papst stattgefunden hatte. – Hierüber ist viel gerätselt worden. Unsere charmanten Stadtführerinnen in Reims sagten fröhlich, Ludwig habe die überlegene Bedeutung der Reimser Krönung erkannt und dieser Erkenntnis Rechnung getragen. Manche Historiker sehen in Ludwigs Tun ein nachträgliches Einholen des päpstlichen Segens, der ja bei der Krönung in Aachen 813 gefehlt habe, weil Karl keine Abhängigkeit des Kaisertums seines Sohnes vom Papst wollte. – Immerhin gibt zu denken, dass der Name „(H)Ludwig" sich von „Chlodwig" ableitet. Wollte Ludwig durch die Nach-Krönung in Reims auf die Taufe und Salbung Chlodwigs durch Remigius 498 Bezug nehmen und sich als Nachfolger Chlodwigs legitimieren?

Diese Fragen seien hier nur angedeutet. Es ist wichtig, sie zu kennen. Ihre Beantwortung sei den Fachleuten überlassen. Die Bandbreite der Antworten ist groß und auch stark von nationalen Ansprüchen und Emotionen abhängig. In einer Dissertation aus dem Jahre 1920 lese ich: „Depuis l'époque carolingienne, tous les rois de l'Europe recevaient l'onction, mais le sacre des rois de France se distinguait de tous les autres par un caractère presque miraculeux. Les empereurs eux-mêmes, lorsqu'ils avaient été sacrés par le pape à la basilique de Saint-Pierre, n'avaient pas un prestige comparable à celui qui découlait de la cerémonie de Reims"[2]) Übersetzen darf ich das nicht, weil es in der Dissertation ausdrücklich verboten ist. So muss ich dem sprachkundigen Leser überlassen, herauszufinden, welch einzigartiger Rang hier den in Reims geweihten Königen zugesprochen wird.

Wir erfreuen uns an den Krönungszeremonien, ihren Formen, Farben und Klängen. Lassen wir abschließend diese Zeremonien aufleben in einer zusammenfassenden Schilderung, wie sie uns der Katalog der Aachener Krönungsausstellung im Jahre 2000 anbietet. Die Texte sind im Rahmen des Katalogbeitrags „Parallele und Kontrast: Reims und Aachen" von Rolf Große, Paris, formuliert.[3])

Zu Reims: „Die Salböl-Legende fand auch Eingang in die so genannten Ordines, die den Ablauf der Weihe regelten. Wegweisend ist hier der wohl um 1230 entstandene Ordo von Reims, der bis zum Ende der französischen Monarchie in seinen Hauptzügen verbindlich blieb. Er schreibt vor, dass zunächst am Übergang des Chors zum Schiff der Kathedrale Notre-Dame ein erhöhter, mit Stufen versehener Thron in der Nähe des Altares aufgestellt werden soll. Sobald der König in Reims eintrifft, wird er von der gesamten Geistlichkeit der Stadt empfangen und begibt sich am Vorabend der Weihe, die an einem Sonntag stattfinden muss, zum Gebet in die Kirche. Am nächsten Morgen hält er mit Gefolge seinen Einzug. In feierlicher Prozession nahen die Mönche des Klosters Saint-Remi mit der Sainte Ampoule. Der Erzbischof zieht ihnen bis zur (Reimser) Kollegiatskirche Saint-Denis entgegen und nimmt die Ampulle in Empfang. Die Weihehandlung kann nun beginnen: Krone, Schwert, Sporen, Szepter, Stab und Gewänder liegen auf dem Altar bereit, und neben ihm steht der Abt von Saint-Denis (bei Paris), in dessen Kloster die Insignien aufbewahrt werden. Der König leistet den Krönungseid, es werden ihm Schuhe angelegt, Sporen an- und sofort wieder abgeschnallt, er wird mit dem Schwert gegürtet, das er auf dem Altar darbringt und schließlich seinem Seneschall zum Tragen gibt. Der Erzbischof öffnet über dem Altar die heilige Ampulle, entnimmt ihr mit goldenem Stift einen Tropfen, vermischt ihn mit dem vorbereiteten Chrisma und salbt den knieenden König am Haupt, der Brust, zwischen und auf den Schulterblättern, schließlich an den Armgelenken. Er reicht dem König, dem der Kämmerer zuvor die Krönungsgewänder angelegt hat, Szepter und Stab, nimmt die Krone vom Altar und setzt sie ihm auf. Die geistlichen und weltlichen Pairs legen die Hand an die Krone, gemeinsam mit ihnen geleitet der Erzbischof den Herrscher zum Thron und vollzieht die Thronsetzung. Anschließend kehrt er zum Altar zurück, um die Weihe der Königin vorzunehmen, für die er allerdings kein Öl aus der heiligen Ampulle verwendet. Nach der Messe begibt man sich zum Festmahl in den Bischofspalast."

Zu Aachen: „Die Königserhebung Ottos, der übrigens fränkische Kleidung trug und damit Anklänge an die Tradition Karls des Großen zu erkennen gab, zerfiel in zwei Akte, die der Mönch Widukind von Corvey († nach 973) detailliert schildert. Der weltliche Teil fand im Atrium vor dem Westportal der

Marienkirche statt, wo die Herzöge und die übrigen Großen Otto auf den dort stehenden Thron setzten, ihm Handgang und Treueid leisteten und ,ihn so nach ihrem Brauche zum Könige' machten. Anschließend geleitete ihn Erzbischof Hildebert von Mainz in die Mitte des Oktogons und forderte die Anwesenden auf, der Wahl der Fürsten zuzustimmen. Nachdem dies durch Zuruf geschehen war, schritt Hildebert mit Otto hinter den Altar, auf dem die Insignien lagen, ,das Schwert mit dem Wehrgehenk, der Mantel mit den Spangen, der Stab mit dem Szepter und das Diadem'. Er überreichte sie Otto und nahm, unterstützt von Erzbischof Wichfried von Köln, Salbung und Krönung vor. Danach führten die beiden Geistlichen den Herrscher über eine der beiden Wendeltreppen zum Thron im Obergeschoß, so ,dass er von hier aus alle sehen und von allen wiederum gesehen werden konnte'. Im Anschluss an die Messfeier begab sich der König mit seinem Gefolge zum Festmahl in die Pfalz, wo ihm die Herzöge aufwarteten."

Die Unterschiede sind ganz deutlich: Dort die zentrale Bedeutung der Salbung mit heiligem Öl und die geistlichen Schwerpunkte, hier das Übergewicht der weltlichen Akte und die In-Besitz-Nahme des Karlsthrones.

Die Rituale blieben in ihrem wesentlichen Kern unverändert, in Aachen bis zur Krönung Ferdinands I. im Jahre 1531, in Reims bis zur Krönung Karls X. 1825.

---

1) Max Kerner, Karl der Große, Köln/Weimar/Wien 2000, S. 262 f.
2) Louis Bréhier, La Cathedrale de Reims, Paris 1920, S. 115
3) Rolf Große, in Mario Kramp (Herausg.), Krönungen, Mainz 2000, S. 410 f.

Promenade 10: Stadtgeschichten, Stadtgesichter.

Erich Stephany: „Auf den Hügeln rund um Aachen und an den heißen Quellen haben Jahrtausende lang Menschen gelebt. Hügelgräber im Stadtwald, ein Werkplatz zur Gewinnung von Feuersteinen auf dem Lousberg... sowie steinzeitliche Wohnsiedlungen in der Stadtmitte sind aufgefunden worden. Wenig ist aus keltischer Zeit bekannt."[1)]

Anders bei Reims. Hier wissen wir von Caesar selbst, dass es schon im 1. Jahrhundert vor Christus eine „civitas Remorum", eine Stadt der Remer mit dem Namen Durocortorum gab, die mit den Römern gemeinsame Sache machte und zur Hauptstadt der Provinz Belgica secunda aufstieg.

Auch Aachen spielte unter den Römern eine Rolle, wenn auch eine weniger bedeutende. Noch heute ist aus der Straßenführung der Innenstadt die Grundstruktur einer römischen Siedlung zu erkennen: die beiden Hauptachsen, der cardo und der decumanus, kreuzen sich – von Nordwest nach Südost und von Nordost nach Südwest – an der Stelle des heutigen Marktplatzes. (Dieses diagonale Grundmuster wird dann später, nach strenger Ostorientierung der Kirchen, vom fränkischen und mittelalterlichen Straßennetz überlagert; so entstehen in Aachen die dreieckigen Plätze, wie Markt, Münsterplatz, Fischmarkt.) Als römische Thermen sind die sog. „Domtherme", die „Hoftherme" und die „Bücheltherme" bekannt. Vieles ist noch nicht ausgegraben oder unwiderruflich überbaut.

Es gibt da noch eine Theorie, deren weitere Erhärtung und archäologische Unterlegung allerdings aussteht. Der Physiker Axel Hausmann kommt in einer geistreichen Verknüpfung von vorhandenen Mauer- und Straßenresten mit den Regeln des Goldenen Schnitts zu dem Ergebnis, in Aachen müsse es ein großes Heerlager für drei römische Legionen gegeben haben, das mit seinen Ausmaßen von 610 mal 610 Schritten etwa deckungsgleich mit dem ersten mittelalterlichen Mauerring gewesen sei, über den wir noch sprechen. Dieses Lager habe im Winter 54/53 v.Chr. Caesar als Winterlager gedient und sei identisch mit dem im „Bellum Gallicum" erwähnten Lager von Atuatuka gewesen. Später sei von diesem „Tripellager" der Feldzug des Drusus zur Eroberung Germaniens ausgegangen, der dann mit der Vernichtung der XVII., der XVIII. und der XIX. Legion im Teutoburger Wald endete. Von da an habe Aachen nur noch die Rolle eines Militärbades vor der gesicherten Rheingrenze gespielt. Ich zitiere diese sehr spekulative Theorie, ohne sie bewerten zu können.

Reims hat noch markante Zeugnisse der Römerzeit aufzuweisen: Das Marstor (Porte Mars) aus dem 3. Jahrhundert und das Forum mit einem gallo-romanischen Kryptoportikus aus dem 2. Jahrhundert. Im Mittelalter diente die Porte Mars als Stadttor; auf einer Innenseite der drei Torbögen erkennt man Romulus und Remus, eine Anspielung auf die Legende, dass die Remer von den sagenhaften Stadtgründern Roms abstammen...

Im Mittelalter waren beide Städte mauerumkränzt. Aachen hatte zwei Mauerringe, einen frühen aus der zweiten Hälfte des 12. Jahrhunderts, die sog. „Barbarossamauer" von 2,5 km Länge, einen späteren aus der zweiten Hälfte des 13. Jahrhunderts von 5,5 km Länge, der bis zur Schleifung in der Franzosenzeit stand und der Stadt genügend Lebensraum bis in das

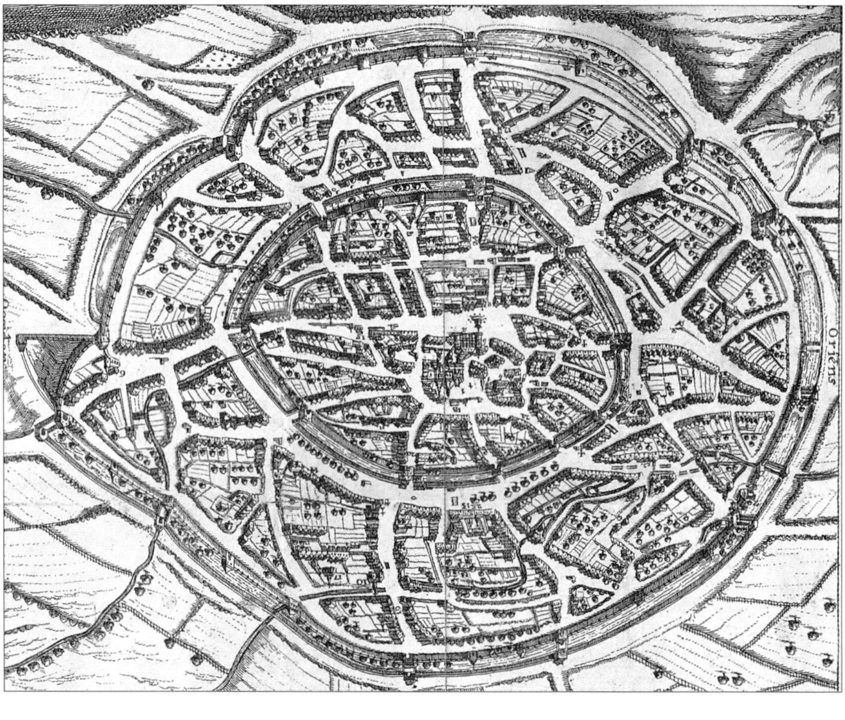

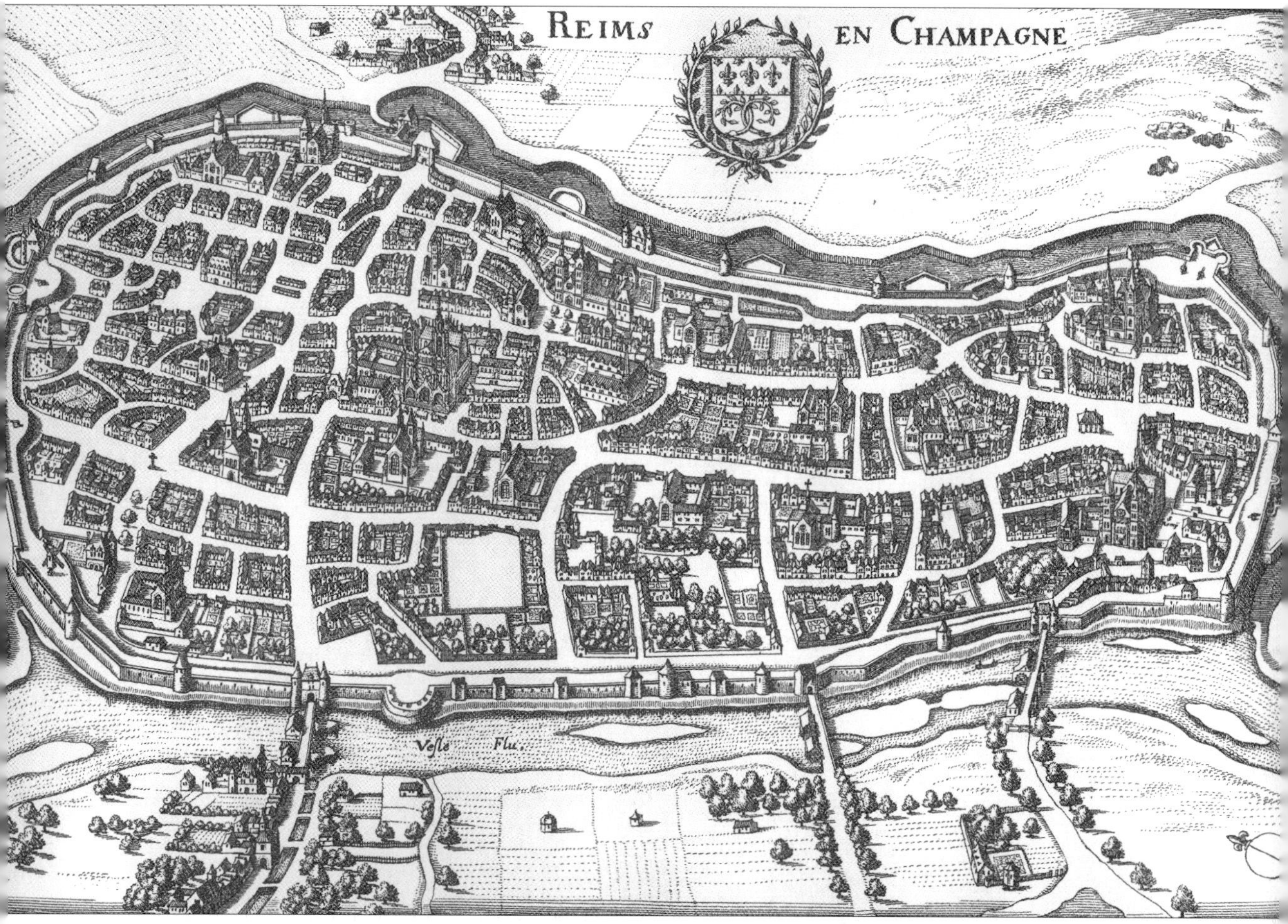

19. Jahrhundert bot.[2]) Franziskus Blondels zeigt in einem Stadtplan von 1688 Aachen mit seinem doppelten Mauerring.

Aus dem Jahr 1635 stammt ein kolorierter Kupferstich von Reims, der in der dortigen Stadtbibliothek aufbewahrt wird und Reims in der Schrägaufsicht zeigt. Die Stadtkrone mit mehr als zwanzig Kirchtürmen war imponierend; man bedauert sehr die Zerstörung dieses herrlichen Stadtbildes durch Revolution und Ersten Weltkrieg. Gleiches zeigt ein undatierter Handdruck, den ich jüngst von meinen Kindern geschenkt bekam und von dem ich obenstehend eine Abbildung beifüge. Man erkennt sehr schön die auf das Römerlager zurückgehende Straßenführung und den Weg, den bei Krönungen die Sainte Ampoule von Saint-Remi (rechts oben) zur Kathedrale im Zentrum nahm.

In Reims steht von der Stadtmauer nur noch die römische Porte Mars, in Aachen künden Marschiertor und Ponttor vom Stolz der Anlage. Unter dem Reimser Kupferstich von 1635 steht ein Gedicht, das von dem Mythos der Gründung der Stadt zur Zeit des Untergangs von Troja und der Namensgebung durch Remus spricht:

„Et Remus me donna son nom,
Au temps que la ville de Troyes
Perdit son lustre et son renom."

Nach der – fast gleichzeitigen – Schleifung der Stadtbefestigungen um 1800 öffnen sich die beiden Städte in das Umland, im Inneren werden Straßen begradigt oder neu gezogen, Fabriken entstehen, mancher Kirchturm wird durch hohe Schornsteine ersetzt. Das 19. Jahrhundert bringt die Dampfmaschine und die Industriearbeit.

Auch hier wieder manche Parallele zwischen beiden Städten: In Aachen und in Reims haben Wollspinnerei und Tuchweberei lange Tradition. Die Umstellung von Heimarbeit und familiärem Kleinbetrieb auf Massenproduktion in Fabriken bringt große soziale Verwerfungen mit sich. Familien können nicht mehr unter einem Dach arbeiten, sie werden auseinander gerissen und in getrennte Zeitpläne eingespannt. Akkordarbeit kommt auf, und Kinder bleiben sich selbst überlassen.

In Aachen entstehen hierauf zwei Antworten, beide beispielhaft, nämlich die katholische Almosencaritas einer Franziska Schervier und der „Soziale Kapitalismus" eines David Hansemann mit seinem aus Versicherungserträgen finanzierten „Verein zur Beförderung der Arbeitsamkeit".[3]) – In Reims stehen die Programme eines Jean-Baptiste de La Salle für die Einrichtung des Armenschulwesens und der von ihm gegründete Orden der „Schwestern vom Kinde Jesus" bereit, die weit über seinen Tod (1719) hinaus wirksam werden. Das Geburtshaus von La Salle ist noch heute in Reims zu sehen, nämlich das Hotel de La Salle in der Nähe des Rathauses.

Reims hat eine lange akademische Tradition. Schon 1548 wurde die Universität gegründet, welche die mittelalterlichen „Bischofsschulen" ablöste. Die Technische Hochschule in Aachen ist erst in der zweiten Hälfte des 19. Jahrhunderts entstanden. Sie ist aus dem Kern der Stadt längst herausgewachsen und gibt der Stadt und der Region wichtige Impulse für die wirtschaftliche Erneuerung: Geschwundene Traditionsindustrien werden durch High-Tech-Betriebe ersetzt, die Aachener Wirtschaft erhält ein neues Gesicht. In Reims ist das ähnlich.

---

1) Erich Stephany, Aachen, S. 5
2) Dieter P. J. Wynands, Kleine Geschichte Aachens, Aachen 1990, S. 27 ff
3) Siehe Heinz Malangré, David Hansemann, Aachen 1991

Promenade 11: Zwei Städte, zwei Sprachen.

Es ist eine Binsenweisheit: In Reims spricht man Französisch, in Aachen Deutsch. Doch es gab – und gibt – sprachliche Gemeinsamkeiten.

Vor 2000 Jahren gehörten beide Städte – wenn man denn Aachen schon als Stadt bezeichnen konnte, sagen wir also besser: „Stätten" – zum römisch besetzten Gallien, das bis zum Rhein reichte. Das bedeutet, dass die Verwaltungssprache hier wie dort Latein war. Das wird aber über die Administration hinaus nur für eine dünne Oberschicht gegolten haben, die ja zugleich römische und fränkische Aufgaben wahrnahm. Den Alltag haben gewiss die Stammesdialekte beherrscht, über die wir durch Ausgrabungen oder durch Analyse von Ortsnamen einiges wissen.

Im dtv-Atlas „Deutsche Sprache" lesen wir: „In Gallien reichte das germanisch-fränkische Siedlungsgebiet in der Dichte abnehmend über die Loire hinaus nach Süden. Das bezeugen vor allem die Ortsnamen mit der Bildungssilbe auf germanisch „ing-", oder die auf romanisch „-court" oder „-ville", die oft mit einem vorangestellten germanischen Eigennamen gebildet sind."[1)]

Hier fällt uns der Name eines Nachbarortes im belgischen Grenzgebiet ein: Robertville. – Die dem vorzitierten Text beigegebenen Karten zeigen, dass Reims im Zentrum des „court-Namen-Gebiets" lag, Aachen, an seinem östlichen Rand, was demnach auf sprachliche Gemeinsamkeiten unterhalb der römischen Amtssprache schließen lässt. Aber dann heißt es weiter: „Die Romanen gewannen durch ihre überlegene Kultur, durch die lateinische Amtssprache des Merowingerreiches und ihre zahlenmäßige Übermacht sprachlich die Oberhand und romanisierten langsam die Franken. Schon um 842 verstand der westfränkische Heerbann die germanische Sprache nicht mehr... Im Norden des Frankenreiches bildete sich durch sprachlichen Ausgleich dann langsam eine Sprachgrenze zwischen dem Germanischen und Romanischen, die erst um 1000 als fest anzusehen ist. Es ist die Rückzugslinie des Germanischen gegenüber dem Romanischen."[2])

Diese Linie geht auf der Höhe von Brüssel von West nach Ost und knickt beim Überschreiten der Maas nach Süden ab, bis in die Höhe von Saarbrücken. Aachen liegt ganz knapp östlich von dieser Linie, einer Linie, die nicht hermetisch abschloss, sondern die durchlässig war nach beiden Seiten, die vielfältige menschliche Kontakte zuließ und die daher in die „Aachener Sprache" Romanismen einfließen ließ, die bis heute reichhaltig wirksam sind. Das gilt nicht nur für die Sprache der „Gebildeten", sondern weit mehr als sonst in Deutschland auch für die Mundart, das „Öcher Platt".

Politisch tritt die Sprachtrennung schon bei der Fränkischen Reichsteilung in Erscheinung. „Während sich Karl in Westfranken für die Beibehaltung des Vulgärlateinischen entschieden hatte, bevorzugte Ludwig in Ostfranken die Verwendung des Deutschen als Volkssprache... Die Entscheidung für diese Sprachenteilung erfolgte in Straßburg bereits 842, als Karl der Kahle (in althochdeutscher Sprache) und Ludwig der Deutsche (in altfranzösischer Sprache) einen Bündnisschwur leisteten, der als Straßburger Eide in die Geschichte einging."[3]) – Auf französischer Seite kennen wir die offizielle Einführung (oder besser: offizielle Bestätigung) des Französischen als Urkundensprache durch das Edikt von Villers-Cotterêts im Jahre 1539.[4])

Als Anfang des 19. Jahrhunderts das linke Rheinufer französisch wird, der Code Napoleon linksrheinisch zur Geltung kommt, Handel und Wandel an Frankreich gebunden werden und so das Alltagsleben stark unter französischen Einfluss gerät, wird Französisch auch in Aachen, der Hauptstadt des neu gegründeten „Roer-Départements", teilweise Verwaltungssprache. Das wiederum beeinflusst die Umgangssprache, bis hinein in den Dialekt.

Wir haben im Aachener Dialekt, dem „Öcher Platt", zahlreiche Worte französischer Herkunft, teilweise noch in der Urform, teilweise verballhornt. Ein Beispiel: Aus „Code", dem napoleonischen Gesetzbuch, wird im Aachener Platt „Kuut", was dann soviel wie Vorschrift, Strafgesetz, bedeutet.[5]) Auch die Amsel hat in Aachen als „Meäl", die Stachelbeere als „Kroschel" französische Verwandte: merle und groseille.

Bei Reims spielen all diese Dinge keine Rolle. Hier gibt es keine Beeinflussungen sprachlicher Art aus Deutschland. So konnten wir denn bei unserem Besuch keine sprachlichen Mischungen feststellen und mussten – durften – unsere Französischkenntnisse anstrengen. Aber unseren beiden französischen Führerinnen sei bescheinigt: Sie haben uns in bestem Deutsch die Reichtümer und die Schönheiten ihrer Stadt gezeigt!

---

1) dtv-Atlas Deutsche Sprache, München 1994, S. 59
2) a.a.O. S. 59
3) Alfred Pletsch, Frankreich, Darmstadt 2003, S. 80 f.
4) a.a.O. S. 84
5) W. Hermanns, Aachener Sprachschatz

Promenade 12: Zwei Städte in zwei Weltkriegen

Reims wurde im 1. Weltkrieg 1914 – 1918 schwer getroffen, Aachen im 2. Weltkrieg 1939 – 1945.

Beide Städte waren Frontstädte: Reims im zermürbenden Stellungskrieg, der sich von Belgien südwärts bis zur Champagne hinzog, Aachen als Ziel schwerer Bombenangriffe englischer Nachtgeschwader und als erste deutsche Großstadt, die im Herbst 1944 nach wochenlanger Belagerung und Beschießung von den Amerikanern erobert wurde. In beiden Städten waren die Zerstörungen furchtbar.

Ich selbst habe die Kriegsjahre in Aachen verbracht und den Einmarsch amerikanischer Truppen in Stolberg bei Aachen miterlebt, noch ehe Aachen erobert war; ich bin dann als Vierzehnjähriger auf Schleichwegen mit dem Fahrrad durch die Front nach Aachen gefahren, um nach unserem Haus und nach Freunden zu sehen, wurde von deutschen Soldaten geschnappt, nach den Amerikanern ausgefragt und schließlich weinend mit einem Fußtritt fortgejagt, zurück durch die Front nach Stolberg zu den Amis. Seitdem glaube ich ganz fest an den Schutzengel.

In Aachen waren fast 80 Prozent des Baubestandes zerstört, über 90 Prozent der bei Kriegsbeginn 174.000 zählenden Bevölkerung tot, geflohen, verschleppt oder bei der Truppe. 6000 Menschen waren beim Einzug der Amerikaner noch in der Stadt, hausten in Kellern oder Provisorien.

Jörg Friedrich stellt die Zerstörung Aachens in einen größeren Zusammenhang, wenn er schreibt: „Die Aachener Häuserschlachten, welche die Deutschen im Oktober 1944 anboten, vertieften die bisherige Zerstörung durch den Luftangriff vom 12. April 1944. Die mittelalterliche Stadt hat die Feuersbrunst von 1656 verschlungen, die ein Malheur, aber kein Gräuel war. Den führten als Vorboten 165 Halifax im Schacht in der klaren Hochsommernacht des 16. Juli 1943. Auf Anhieb konnten gewaltige Brände gezündet werden, die dreitausend Bauten zerstörten, 294 Personen töteten und eine Galerie kriegswichtiger(!)

Gebäude beschädigten: Dom, Rathaus, Theater, Polizeipräsidium, Hauptpostamt, Gefängnis usw. Zehn Wochen bevor sie den Kontinent betraten, am 12. April 1944, bombten britische Streitkräfte Aachen endgültig zu Schutt. Der Angriff zerwühlt den Boden in einer beispiellosen Dichte; 42.800 Brand- und 4047 Sprengbomben. Noch in keinem eng bebauten Gebiet waren bisher sechs Bombentrichter alle hundert Quadratmeter gezählt worden. Einundsechzig Prozent der Häuser lagen am Boden. Von sechsundsechzig Kapellen und Kirchen blieb keine unversehrt... Die Sprengmunition war so kalibriert und eingestellt, dass sie fünfstöckige Häuser mit drei Eisenbetondecken durchschlug und im Keller erst explodierte... 1525 von 164.000 Einwohnern starben, darunter 212 Kinder... Der Exorzismus der Bomben entwurzelte die Städte, als seien sie vom Teufel besessen und durch Feuer davon zu erlösen."[1])

Die Stadt Aachen „war eine traurige Ruinenstätte", schreibt Erich Stephany, Prälat und Professor und standhafter Hüter des Aachener Domes, „als man im Oktober 1944 mit dem Wiederaufbau beginnen konnte. Es war aber über alle Verwirrung der vergangenen Jahre ein Kern geblieben, der aus Verantwortung vor der eigenen Vergangenheit die Verpflichtung vor der Zukunft wahrnahm. Als Sinnbild stand einzigartig und in seiner ganzen Gestalt erhalten über diesem Trümmerfeld der Dom als das Herz der Stadt. Vom Dom aus strahlten in der finstersten Zeit starke Kräfte; hier sammelten sich die Zurückgebliebenen und die Zurückkehrenden; hier begann wieder mit der ‚Musik im Dom' ein neues Leben."[2]) Soweit Stephany über das zerstörte Aachen.

Dass der Dom noch stand, war das Verdienst einer „Domlöschgruppe", einer Schar von jugendlichen Aachenern, die Nacht für Nacht im Dom Wache hielten und den Dom vor der Feuersbrunst der Nachtangriffe bewahrten. Die tapferen Jungen und Mädchen waren nur wenig älter als ich damals.

Im ersten Weltkrieg lag Aachen weit hinter der Front und blieb unbeschädigt. Reims hingegen war genau der Punkt, an dem die Front der deutschen Angreifer 1914/15 zum Stillstand kam und die jahrelangen Grabenkämpfe einsetzten, die hohe Verluste sowohl bei den Franzosen und den verbündeten Engländern als auch bei den Deutschen brachten. Die Stadt Reims war für die Franzosen Rückhalt und Leitstelle, die Artillerie wurde von dort aus gesteuert, manche sagen sogar: vom Turm der Kathedrale aus. Was Wunder, dass die Stadt und vor allem die hochragende Kathedrale das Ziel der deutschen Artillerie war, mit verheerenden Folgen. Vieles wurde unwiederbringlich zerstört, die Kathedrale vor allem im Dachbereich bis in die Substanz hinein schwerstens beschädigt. – Nach dem Krieg war dann die Wiederherstellung der französischen Krönungskirche ein nationales Anliegen. Es wurde glänzend gelöst. Das „Lächeln von Reims" hat selbst der Krieg nicht ausgelöscht. Es überstrahlt die Furchtbarkeiten des Stellungskrieges.

„Im Westen nichts Neues" heißt das Antikriegsbuch von Erich Maria Remarque. Es beschreibt die Schrecken und Leiden derer, die sich an der deutsch-französischen Front 1914 – 1918 gegenüberlagen:

„Trommelfeuer, Sperrfeuer, Gardinenfeuer, Minen, Gas, Tanks, Maschinengewehre, Handgranaten – Worte, Worte, aber sie umfassen das Grauen der Welt. – Unsere Gesichter sind verkrustet, unser Denken ist verwüstet, wir sind todmüde; – wenn der Angriff kommt, müssen manche mit den Fäusten geschlagen werden, damit sie erwachen und mitgehen; – die Augen sind entzündet, die Hände zerrissen, die Knie bluten, die Ellbogen sind zerschlagen.

Vergehen Wochen – Monate – Jahre?... Wir sehen die Zeit neben uns schwinden in den farblosen Gesichtern der Sterbenden, wir löffeln Nahrung in uns hinein, wir laufen, wir werfen, wir schießen, wir töten, wir liegen herum, wir sind schwach und stumpf, und nur das hält uns, dass noch Schwächere, noch Hilflosere da sind, die mit aufgerissenen Augen uns ansehen als Götter, die manchmal dem Tode entrinnen können...

Wir werden abgelöst... Nun ruft jemand die Nummer unserer Kompanie... Und noch einmal und noch einmal hören wir unsere Nummer rufen. Er kann lange rufen, man hört ihn nicht in den Lazaretten und Trichtern...

Der Morgen ist grau, es war noch Sommer, als wir hinausgingen, und wir waren hundertfünfzig Mann. Jetzt friert uns, es ist Herbst... Die Stimmen flattern müde auf: ‚Eins – zwei – drei – vier –', und bei zweiunddreißig schweigen sie... Eine Reihe, eine kurze Reihe tappt in den Morgen hinaus. Zweiunddreißig Mann."[3)]

Warum ich das hier zitiere? Weil ich glaube, dass gesagt werden muss, zu welchem Irrsinn deutsch-französische Feindschaft fähig war, welch schrecklicher „Kriegstourismus" unserer fröhlichen und freundschaftlichen Reise vorausgegangen ist. Umso größer und tröstlicher ist der Bruderkuss zwischen de Gaulle und Adenauer und das gemeinsame „Te Deum laudamus" in der Kathedrale von Reims zu werten. Hier ist am 8. Juli 1962 der Krieg zwischen Deutschland und Frankreich wohl für immer beendet worden.

---

1) Jörg Friedrich, Der Brand, München 2002, S. 285 f. (Hier ist auch das gesamte Kriegsgeschehen 1944/45 im Westen Deutschlands sehr zutreffend beschrieben.)
2) Erich Stephany, Aachen, Deutscher Kunstverlag, S. 13
3) Erich Maria Remarque, Im Westen nichts Neues, Köln 1998, S. 96 ff.

Promenade 13: Printen, Champagner

Wenn die Einleitung dieses Buches als „Aufreißer" Champagner und Printen vorführt, dann muss natürlich im Verlauf des Buches dieses Versprechen eingelöst werden. So sei denn als „Promenade" einiges über die Köstlichkeiten von Reims und Aachen berichtet. Es wird sich dabei zeigen, dass bei den Printen Aachen und Reims näher beieinander liegen, als zunächst erwartet. Beim Champagner ist jedoch Reims einzigartig.

Fangen wir an mit den Printen. Hier herrscht eine lange Tradition, die in der Antike beginnt, als es Aachen noch nicht gab, und die sich in der Römer- und Frankenzeit fortsetzt. Greifen wir hinein in diese Tradition und halten wir an – wie könnte es in Aachen denn anders sein – bei Karl dem Großen. Von ihm gibt es eine ganz besondere Schrift, die sich von den politischen Verordnungen abhebt und in fast lyrische Dimensionen zielt: Das „Capitulare de villis et curtis imperialibus", die Verordnung über die Krongüter und Reichshöfe. Hier haben wir einen Artikel 45, der wie folgt lautet:

„Jeder Amtmann soll in seinem Bezirk tüchtige Handwerker zur Hand haben: Grob-, Gold- und Silberschmiede, Schuster, Drechsler, Stellmacher, Schildmacher, Fischer, Falkner, Seifensieder, Brauerleute, die Bier, Apfel- und Birnenmost zu bereiten verstehen, Bäcker, die Semmeln für unseren Hofhalt backen..."[1)]

„Bäcker, die Semmeln für unseren Hofhalt backen" – „pistores, qui similam ad opus nostrum faciant" – was ist gemeint mit dieser „simila"? Ist das nur eine gewöhnliche Semmel, oder ist das ein gewürztes Feinbrot, ein Würzbrot, ein Honigbrot, ein „Lebkuchen"?

Karl F. Kittelberger, von 1946 bis 1977 Chef der Aachener Printen- und Schokoladenfabrik Henry Lambertz, weist in seinem Buch „Lebkuchen und Aachener Printen, Geschichte eines höchst sonderbaren Gebäcks" nach, dass das lateinische Wort „simila" zu karolingischer Zeit ein Feingebäck bezeichnete, das durch Honig gesüßt war, und er kommt zu dem Ergebnis, dass Aachen eine der ersten deutschen Städte war, „in der im frühen Mittelalter Honigkuchen gebacken wurden, die man einige Jahrhunderte später als Lebkuchen und im späten 18. Jahrhundert als Printen bezeichnete."[2]) Damit haben wir nicht nur die Printe für das 18. Jahrhundert ausgemacht, sondern auch ihre Herkunft vom Lebkuchen bestätigt.

Die Aachener Printen sind bis in die Gegenwart übernational dokumentiert. Bei der Seligsprechung der Franziska Schervier im Jahre 1974 in Rom wurden Papst Paul VI. neben anderen Geschenken auch Aachener Printen überreicht, die das vatikanische Protokoll unter der Bezeichnung „Crustula specialia" vereinnahmte. Auch Papst Johannes Paul II. kennt Aachener Printen; er nahm sie bei der besonderen Karls-Preis-Verleihung im Jahr 2004 im Vatikan huldvoll entgegen, wie Augenzeugen berichten.

Und hier macht es Freude, bei dem französischen Autor Jean Kiger in dessen Buch „Le pain d'épices en France" (1948) zu erfahren: „Im 14. Jahrhundert kamen die Reimser Kuchenbäcker darauf, den Geschmack ihres Honigkuchens mit Zitronen, Orangenblüten und Mandeln, also mit Gewürzen, anzuheben".[3]) Da haben die Aachener also früh Konkurrenz bekommen, und zwar in besonders duftiger Form!

Gehen wir nun in das 18. Jahrhundert und schauen wir nach, was es denn da über die Aachener Printen zu lernen gibt. Kittelberger wird uns dabei helfen. – Zunächst der Name: Wir denken an das englische „to print" = drucken. Ja, die Printe ist ein „gedrucktes" Gebäck, ein geformtes, ein geprägtes. Es gibt herrliche Formen aus dem 18. Jahrhundert, ich selbst besitze einige. Kavaliere, Frauen mit langen Röcken, Pferde und Reiter, ein großes, reich verziertes Herz... Da mögen Kurgäste in Bad Aachen sich mit Geschenken für ihre Lieben versorgt haben, da mögen reiche Haushalte in Aachen selbst sich für Feste und Gedenktage mit Printengaben ausgestattet haben. Grundform ist immer das braune, aus Mehl, Honig und Gewürzen hergestellte und geformte Gebäck; meist hart, wenn trocken; manchmal verziert mit Mandeln. Die Gewürze sind sehr wichtig, dürfen aber nicht beherrschend durchschmecken und werden geheim gehalten. – Eine herrliche Pointe schenkt uns Kittelberger, wenn er verrät: „Lebkuchen war ein bevorzugtes

Geschenk für den Hochadel. So wird die Dose voll ‚pendepisse' (pain d'épice) erwähnt, welche die Landgräfin Leuchtenberg der Herzogin Arenberg unter Ludwig XIII. schenkte."[4]) – „Pendepisse" ist gut und verdient, in den Aachener Sprachschatz aufgenommen zu werden. – Die Printenherrlichkeit des späten 18. Jahrhunderts erlischt nach der französischen Revolution, es gibt nämlich nach der Kontinentalsperre unter Napoleon keinen Rohrzucker mehr, und auch der Honig ist knapp, kurz, die Printe ist Not leidend und erholt sich erst wieder im 19. Jahrhundert durch Sirup und Rübenzucker.

Da aber wird die Printe von der gedruckten Bild-Printe – auch diese gibt es weiter – zur Schnittprinte, und das ist sie bis heute. Die Entwicklung geht nun dahin, aus der Schnittprinte eine qualitativ immer feinere Printe zu machen: von der Kräuterprinte zur mit Zucker überzogenen Prinzessprinte und zur Schokoladenprinte. Diese wiederum wird mit Nüssen und Mandeln überzogen, wird weich gemacht – und ist heute ein Genussmittel köstlichster und vielfältigster Art, das die traditionellen Lebkuchen eingeholt – überholt? – hat und mit ihnen sogar in einer interessanten wirtschaftlichen Symbiose lebt: Aachener Printen und Nürnberger Lebkuchen sind heute unter dem Konzerndach von Lambertz fröhlich vereint und werden es hoffentlich noch lange bleiben!

Derweilen blüht das Printengeschäft in Aachen mächtig, da ist ja nicht nur Lambertz, da sind die Nobis (meine persönliche Hausmarke schon seit Mutters Zeiten!), welche die ganze Stadt mit wunderschön einladenden Verkaufsstellen durchziehen, ebenfalls Drouven, Klein und manche anderen, nicht zu vergessen die „Printenbarone" Stephan und Léon van den Daele, mit denen meine Frau und ich befreundet waren ...

Wenden wir uns nun der Köstlichkeit von Reims zu, dem Champagner. Und lassen wir gleich die Pfropfen knallen, wenn wir mit einem Spruch auf der Weinkarte im Pariser „Pied de Cochon" beginnen, der vom Champagner handelt und den Gert v. Paczensky so gelesen hat: „Die Götter trinken ihn stehend, die Damen im Sitzen und wir auf den Knien."[5]) Das kann nur ein Franzose so sagen, uns tumben Germanen würde dergleichen nie einfallen. Aber es gefällt mir, und ich nehme den Spruch gerne als Start für die Fortsetzung der Promenade „Printen und Champagner".

Champagner – Zaubergetränk voller prickelnder Wunder, flüchtig und doch mit Kraft und Würze, kurz und lang zugleich, belebend auf der Zunge und beständig im Abgang, mit Geschmack von Mandeln und Frühlingsblüten – ist eine Wonne und Freude. – Dem subtilen Genuss entspricht die komplizierte Herstellung des Getränkes. Nach Traubenlese im Oktober werden die Trauben gekeltert, ungestampft, damit man auch aus blauen Trauben (pinot noir) weißen Most erhält. Um Weihnachten gärt der in Fässer gefüllte Most zum ersten Mal. Im Frühjahr stellen dann erfahrene Kellermeister aus den jungen Weinen die „Cuvée" her, die Mischung der gegorenen Traubensäfte zur gewünschten, möglichst konstanten Qualität der einzelnen Champagnersorten. Jahrgangschampagner gibt es nur in besonders guten Jahren. Die Cuvées werden dann in Flaschen abgefüllt, mit einem Zusatz von Zucker und Hefe. Dieser Zusatz bewirkt die zweite Gärung: Die Hefe verwandelt den Zucker in Alkohol und Kohlensäure, die in der dickwandigen Flasche verbleibt und beim Öffnen den prickelnden Schaum bildet. Die Flaschen lagern in kühlen Kellern bei 10 bis 12 °C, und zwar 15 bis 36 Monate. Während der Lagerung bildet sich ein Depot, das entfernt werden muss. Hierzu werden die Flaschen mit dem Hals nach unten in Rüttelpulte eingesetzt und stufenweise von Hand gedreht, bis nach sechs Wochen das Depot vollständig unter dem Korken sitzt. Dann kommen die Flaschenhälse in ein Gefrierbad, damit das Depot an dem Korken anfriert und mit diesem zusammen entfernt werden kann. Der geringe Weinverlust wird nachgefüllt, je nach Geschmackswunsch – ob „brut" oder „sec" oder „demi-sec" – wird nachgezuckert, und die Flaschen werden mit Superkork und Drahtkörbchen endgültig verschlossen, bis wir sie dann öffnen und den Inhalt genießen.

In Reims gibt es eine ganze Reihe von berühmten Champagnerkellereien.Namen sollte ich hier nicht nennen, bis auf drei, deren Nennung nicht ein Qualitätsurteil ist, sondern mit unserer Reise zu tun hat. Also: Der erste Name ist in die Geschichte des Champagners eingegangen: Dom Pérignon. Er lebte von 1638 bis 1715, gilt als „Erfinder" der Doppelgärung und brachte so den Wein zum Schäumen. Zu ihm fahren wir im Regen durch die total verhangene Landschaft über Epernay (auch eine Champagnerstadt) nach Hautvillers. Dort sehen wir in der Abteikirche am Eingang zum Chor seine Grabplatte. Der zweite Name heißt Taittinger. Er steht für ein Champagnerhaus mit großer Tradition, er ist aber auch der Name des Reimser Bürgermeisters, der 1967 mit Aachens Bürgermeister Hermann Heusch die Städtepartnerschaft Aachen – Reims feierlich vereinbarte. Der dritte Name ist Piper-Heidsieck. So heißt die Champagnerkellerei, deren 16 Kilometer lange unterirdische Stollen unsere Besuchergruppe in einer Gondelbahn durchfährt – „wie in einer Geisterbahn" sagt unser Reisebericht – und dabei in einer gut gemachten Tonbildschau Interessantes aus der Champagnerproduktion sieht und hört. Nach dem Wiederauftauchen aus der Unterwelt gibt es ein Glas Champagner – und natürlich die Gelegenheit zum Einkaufen und Bestellen!

Champagner verbindet, Menschen und auch Gemeinden. Bei Gert v. Paczensky finde ich eine beachtliche Liste von Partnerschaften, von „Jumelages" zwischen Orten der Champagner-Region und deutschen Gemeinden. Hier sind sie alle aufgeführt:

Aachen – Reims
Adenau – Sillery
Bammental – Vertus
Besigheim – Ay
Darmstadt – Troyes
Dorsten – Dormans
Essenheim – Boursault, Châtillon-sur-Marne, Festigny und Verneuil
Ettlingen – Epernay
Ettlingen (Oberweier) – Etoges
Flonheim – Villenauxe-la-Grande
Gernsheim (Rhein) – Bar-sur-Aube
Hüttigweiler (Saar) – Verzy
Kiedrich – Hautvillers
Kinheim – Ambonnay
Leimen – Tinqueux (Vorort von Reims)
Malsch – Sézanne
Morsgach (Baden) – Chateau Thierry
Neuss – Châlons-en-Champagne
Sulzfeld – Avise
Zornheim – Cerseuil, Mareuil-le-Port, und Port à Binson.[6])

Ich denke, diese Liste passt nicht nur in ein Buch über unsere Städtepartnerschaft, sondern auch in ein Kapitel über Champagner, den „König aller Weine“, wie es in der „Fledermaus“ von Johann Strauß heißt …

---

1) Ernst W. Wies, Capitulare de villis et curtis imperialibus, Aachen 1992, S. 70

2) Karl F. Kittelberger, Lebkuchen und Aachener Printen, Aachen 1988, S. 37 f.

3) zit. n. Kittelberger, a.a.O., S. 85

4) Kittelberger, a.a.O., S. 86

5) Gert v. Paczensky, Champagner, Weil der Stadt 1996, S. 7

6) v. Paczensky, a.a.O., S. 266

7. Abteilung: „Aus der Praxis der Partnerschaft"

– am Beispiel Partnerschaftskomitee,

– am Beispiel Gastronomie,

– am Beispiel Karlskult.

Promenade 14: Das Partnerschaftskomitee

Seit 1992 gibt es ein Partnerschaftskomitee Aachen – Reims, das die Rechtsform eines eingetragenen Vereins (e. V.) hat und dem Zweck dient, „die Beziehungen im kulturellen, schulischen, sportlichen und gesellschaftlichen Bereich zwischen den Städten Aachen und Reims zu vertiefen". So steht es in der Satzung, Weiter heißt es da: „Seine Aufgabe sieht der Verein darin, Informationen über beide Partnerstädte zu vermitteln, Begegnungen, Studienaufenthalte, Freizeitveranstaltungen und sportliche Aktivitäten zu fördern und damit zur Freundschaft zwischen den Menschen von Aachen und Reims sowie zur internationalen Zusammenarbeit beizutragen."

Das besonders Schöne: So steht es nicht nur in der Satzung, sondern so wird es auch lebendig praktiziert. Das Komitee hat einen sehr kompetenten, fleißigen und ansprechbaren Vorstand und ist informationsfreudig. Über Internet (www.aachen-reims.de) lässt sich alles abfragen, was interessieren könnte, zum Beispiel eine Jahresübersicht der Veranstaltungen, die dann zum Teil in Gemeinschaft mit dem Deutsch-Französischen Kulturinstitut in Aachen stattfinden. Auf Reimser Seite hat das Komitee einen Partner im Comité de Jumelage Reims – Aachen, das ebenfalls hochkarätig besetzt ist. Die Verbindung zur Aachener Stadtverwaltung erfolgt über eine Stabsstelle „Städtepartnerschaften", deren Inhaberin dem erweiterten Vorstand des Partnerschaftskomitees Aachen – Reims angehört. So ist alles gut und effektiv „vernetzt", wie man heute sagt.

Der Veranstaltungskalender des Komitees ist erstaunlich vielfältig. Er reicht im Jahre 2004 von „Musik und Texte der französischen Renaissance" über Fahrradtouren und ein Kindersportfest in Reims bis zur Aachener Teilnahme an den „Fêtes Johanniques" in Reims zu Ehren der heiligen Johanna von Orléans und zu „Le Marathon de Reims", um nur einiges zu nennen. Ganz nebenbei: Auch unsere Chorreise 1999 hat mit aktiver organisatorischer Unterstützung der Partnerschaftskomitees in Aachen und Reims stattgefunden und sehr gut geklappt.

Der Verein „Partnerschaftskomitee Aachen – Reims e. V.“ hat zur Zeit 154 Mitglieder. Ich bin eines davon.

Interessant ist die Liste der Arbeitskreise. Ich schreibe sie auf, um die Vielfalt der Bemühungen des Partnerschaftskomitees anzudeuten und um zu betonen, dass unsere Reise, dass mein Buch nur einen Ausschnitt aus dem Gesamtspektrum der Partnerschaftsaktivitäten berühren:

- Familie
- Schule
- Kultur
- Sport
- Wirtschaft
- Universität
- Öffentlichkeitsarbeit

Wer von meinen Lesern jetzt Appetit bekommen hat, der wird gerne das Beitrittsformular anschauen, das man kostenlos vom Internet herunterladen kann und das auf der folgenden Seite eingeblendet ist.

Dem Vorsitzenden des Partnerschaftskomitees, Herrn Dr. Wolf Steinsieck, habe ich ganz besonders zu danken. Das geschieht am Schluss des Buches.

Partnerschaftskomitee **Aachen – Reims e. V.**

Vorstand:
Dr. Wolf **Steinsieck**, Vorsitzender
Rita **Johnen**, stellv. Vorsitzende
Herbert **Stoschek,** Schatzmeister

Dr. Wolf **Steinsieck**
Preusweg 24 / 52074 Aachen
Tel: 0241-80-**96114 / Fax:** 0241-80-**92381**

Kontakt:
Christiane **Thelen**
Tel.: 0241-80-**96119 / Fax:** 0241-80-**92381**
email: **kontakt@aachen-reims.de**
Internet: www.aachen-reims.de

Aachen, ______________________

AUFNAHMEANTRAG

Der Verein Partnerschaftskomitee Aachen – Reims e. V. dient dem Zweck, die Beziehungen im kulturellen, schulischen, sportlichen und gesellschaftlichen Bereich zwischen den Städten Aachen und Reims zu vertiefen. Seine Aufgaben sieht er darin, Informationen über beide Partnerstädte zu vermitteln, Begegnungen, Studienaufenthalte, Freizeitveranstaltungen und sportliche Aktivitäten zwischen den Menschen aus Aachen und Reims herzustellen sowie zur internationalen Zusammenarbeit beizutragen. Alles weitere regelt die Satzung.

Hiermit werde(n) ich / wir Mitglied(er) des o. g. Vereins. Um Kosten und organisatorischen Aufwand zu sparen, stimme ich – bis auf Widerruf – dem Bankeinzugsverfahren zu und ermächtige den Vorstand, meinen / unsere Mitgliedsbeitrag / Mitgliedsbeiträge von folgendem Konto abzubuchen.

Meine / unsere Mitgliedschaft beginnt zum 01.____. 200____ (fortan Abbuchungsmonat).

Name, Vorname: ______________________ Geb.-Datum: ____________

Adresse: ______________________________

Tel. (privat): ______________________________

Email-Adresse: ______________________________

Kto.-Nr.: ______________________

BLZ: ______________________

Bankname: ______________________

Der Mitgliedsbeitrag beträgt zur Zeit **15 € pro Jahr & Person** (Schüler & Studierende: **10 € pro Jahr**)

Ich / wir interessiere(n) mich / uns für eine aktive Mitarbeit an einem der unten genannten Arbeitskreise des Komitees: *1. Schule - 2. (Sport)vereine & Kultur - 3. Familienkontakte - Öffentlichkeitsarbeit - 5. Universität - 6. Mobile Einheit*

Ort: ______________________ Datum: ______________________

Unterschrift (en): ______________________

Bankverbindung des Partnerschaftskomitees Aachen – Reims e. V.
Kto.-Nr.: 60301/ BLZ: 390 500 00 / Sparkasse Aachen
- Eingetragen in das Vereinsregister Aachen: VR 2969 -

Promenade 15: Gastronomie auf Städtefahrt

Die französische Küche ist weltberühmt. Ihr Loblied verdient viele Strophen, muss dieses Loblied doch die vielen regionalen Besonderheiten und Finessen gebührend aufzeigen und würdigen. Speziell zur Reimser Küche schreibt der „Michelin“: „Berühmt sind der Reimser Schinken, der Coq au vin (Hähnchen in Weinsoße) und die Pieds de Porc de Ste-Ménehould (Schweinshaxen). Für Liebhaber von Süßigkeiten und Desserts gibt es Cerises de Dormans (eingelegte Kirschen), Bisquits roses (Löffelbisquit mit Erdbeeraroma), Croquignolles de Reims, Bouchons de Champagne (Pralinen in Form von Champagnerkorken) und Sorbet au Marc de Champagne.“[1])

Bei unserer Reise können wir all diese Köstlichkeiten nicht so recht genießen. Auf Touristenart werden wir im Hotel mit Halbpension gut versorgt, aber für die Spezialitäten bleibt kein Raum. Da sind wir auf kleine Einzelerkundungen zur Mittagszeit angewiesen. Diese Erkundungen wecken Neugier und Appetit auf spätere Erfüllungen beim Wiederkommen.

Mit Freude hören wir dann, dass Reimser Essensfreude auch einmal von Aachener Gastronomie befriedigt werden kann. Nämlich: Zur Feier des 20-jährigen Bestehens der Partnerschaft zwischen Aachen und Reims hat das Reimser Comité de Jumelage das Festessen in Reims bei dem Aachener Restaurant Elisenbrunnen bestellt. Der Aachener Gastronom Hans J. G. Holland erzählt darüber und überlässt mir sein Arbeitsdossier. Darin finde ich Stücklisten und Ablaufpläne, die Speisekarte und eine ausführliche Pressenotiz. Mit Erlaubnis von Herrn Holland darf ich beides hier zitieren.

Zunächst die Pressenotiz für die Aachener Zeitungen:

„Am 2. Oktober 1967 fand in Reims ein Abendessen zu Ehren der Delegation der Stadt Aachen anlässlich des 20-jährigen Bestehens der Partnerschaft zwischen den Städten Aachen und Reims statt. – An dem Essen mit einer Teilnehmerzahl von 250 Personen nahm die Aachener Delegation und eine Auslese von

Gästen aus Wirtschaft, Wissenschaft und Politik aus Reims und Umgebung teil.

Auf Einladung des Comité de Jumelage wurde das komplette Bankett in Reims vom Restaurant Elisenbrunnen versorgt. Das Essen wurde im Versailler Spiegelsaal in den Salons Degermann serviert. Fünf Köche und zwölf Servierkräfte versorgten die Gäste. Das Essen begann mit einem speziell für diesen Anlass kreierten Aperitif aus einem trockenen deutschen Weißwein mit Aachener Printenlikör und Grand Marnier.

Zum Essen wurden deutsche Weine gereicht. Aachener Mineralwasser und ein Aachener Domlikör als Digestif ergänzten das Essen. Die Speisenkarte (siehe unten) trug auf der Vorderseite eine Blindprägung des ältesten Aachener Stadtsiegels.

Eine lange Zeit der Planung und vielseitige Organisationsvorbereitungen waren für das Gelingen des Abends erforderlich. Es gab eine Fülle von zoll- und gesundheitsrechtlichen Bestimmungen zu bewältigen. Eine große Hilfe dabei war die bereitwillige Unterstützung durch das Lebensmittel-Untersuchungsamt der Stadt Aachen, die Veterinärämter der Partnerschaftsstädte sowie die Zollverwaltung der Zollstelle Aachen Süd. Die Materialliste umfasste über 90 verschiedene Lebensmittel mit einem Gesamtgewicht von nahezu 600 kg. Während der Fahrt wurden die die Lebensmittel bei zum Teil –20 Grad Celsius gekühlt und vor Ort innerhalb von drei Stunden zu einer delikaten Speisenfolge zusammengestellt.

Der Abend mit einer Speisenfolge unter dem Motto „Die Region Aachen lädt ein" wurde ein großer Erfolg. Die französischen Gäste waren vom hohen Standard der Küche des Dreiländerecks beeindruckt.

Nach dem Essen wurde das Team des Restaurants Elisenbrunnen den Gästen vorgestellt. Für den gelungenen Abend wurde den Küchen- und Servierkräften sehr herzlich gedankt. Bei Tanz und musikalischer Unterhaltung wurde bis weit nach Mitternacht gefeiert, während die Köche ihre Geräte einpackten und in der Nacht wieder nach Aachen zurückkehrten." Soweit der Pressetext. Und was gab es zu essen? Hier die Speisenkarte mit der Überschrift: „Die Region Aachen bittet zu Tisch":

- Rahmsuppe mit Grünem aus Kaiser Karls Kräutergärtchen
- Frische Wald- und Wiesenpilze aus der Region nach Försterinnen Art
- Schweinerücken nach Charlemagne mit feinem Kalbssalpicon gratiniert, frische Gemüse vom Aachener Wochenmarkt, Pommes Croquettes
- Eissplittertorte aus Kräuterprinten und Aachener Domliqueur mit Grütze aus Schattenmorellen, Himbeeren und Erdbeeren
- Getränke: 1985er Serriger Kupp Riesling Kabinett, 1985er Ehrentrudis Spätburgunder Weißherbst Kabinett, Granus Wasser, Aachener Domliqueur.

Man sieht, französische Küche wurde nicht imitiert, sondern es wurde „kaiser-fränkisch" dagegengehalten, dabei aber der Reimser Vorliebe für Schweinefleisch freundschaftlich Rechnung getragen. Der Elisenbrunnen-Chef Hans Holland ist schließlich als „Officier Maître de Table der Confrérie de la Chaîne des Rotisseurs" nicht nur hoch dekorierter Küchenmeister, sondern auch in vielen Protokollschlachten erprobter Diplomat der Gastronomie... Er schmunzelt noch heute, wenn er an die vielen bürokratischen Klippen denkt, die er bei seinem Reimser Ausflug nehmen oder umschiffen musste. Aber geschmeckt hat es!

---

[1]) Michelin-Reiseführer Elsass, Lothringen, Champagne, Karlsruhe 1998, S. 231

Promenade 16: Karlsfest 2003 – Der Aachener Dom

In Reims waren wir als Touristen. Die Kathedrale von Reims haben wir besichtigt mit ganz großem Respekt und mit viel Bewunderung. Wie können wir Aachener Gäste uns nun revanchieren? Ich meine, wir können nur antworten, indem wir unseren Aachener Dom so zeigen, wie wir Aachener ihn erleben. Wir erleben unseren Dom als Gotteshaus, als Haus des Gebetes und der Liturgie, als „Klingende Kathedrale". (Das werden die Reimser Freunde für ihre Kathedrale auch so sehen, und wir freuen uns auf das vielleicht künftige Erlebnis eines großen Gottesdienstes in Reims, etwa am Festtag des heiligen Remigius!)

Es gibt für meinen Dombericht einen ganz unmittelbaren Anlass und Bezug. Ich schreibe diesen Text am 28. Januar. Vorgestern, am 26. Januar 2003, war im Aachener Dom die festliche Gedenkmesse an Kaiser Karl, die alljährlich am letzten Sonntag des Monats Januar begangen wird. Hier lebt der Aachener Karlskult auf, das Gedenken an Karl, der in Aachen als Heiliger gilt, kanonisiert unter Kaiser Friedrich Barbarossa durch seinen Kanzler Erzbischof Rainald von Dassel, bestätigt durch den Gegenpapst Paschalis III., dann offiziell durch die römische Kurie als „Beatus", als Seliger, toleriert und für Aachen (und noch einige andere Orte) zur Verehrung „freigegeben". Damit haben wir in Aachen unseren heiligen Karl. Und wir haben Gelegenheit, darüber nachzudenken, was „heilig" nun wirklich bedeutet. Dieses Nachdenken in Karls Kirche zu erleben, ist etwas Besonderes. Ich will versuchen, den Gottesdienst zu beschreiben und dabei den Karlsdom selbst sprechen zu lassen.

Wir betreten den Dom vom Domhof her, einem Platz an der Westseite, der uns durch die große, bronzene „Wolfstüre" aus karolingischer Werkstatt in den Vorraum gelangen lässt. Wir sehen vor uns das Oktogon, die „Pfalzkapelle" Karls des Großen, das Herzstück des Aachener Domes, und in seiner Verlängerung die gotische Chorhalle mit den modernen Fenstern von Wendling und Benner-Royé. – Da ich als Ritter vom Heiligen Grab mit meinen Ordensschwestern und -brüdern bei der feierlichen

Liturgie den Zelebranten und die Konzelebranten sowie den liturgischen Dienst begleiten darf, biege ich am Eingang zum Oktogon nach links ab und gehe durch die gotische Nikolauskapelle in den Kreuzgang, um mich dort im Ordensmantel in die Schar der Teilnehmer einzureihen. Unter dem feierlichen Geläute der Domglocken setzt sich die Prozession in Bewegung, allem voran das „Lotharkreuz", das um das Jahr 1000 von Otto III. gestiftet wurde. – Die Vorderseite des Kreuzes zeigt den gekreuzigten und vom göttlichen Vater mit den Siegeszeichen Lorbeerkranz und Taube begrüßten Christus; die der Prozession zugewandte Rückseite mit der antiken Augustus-Gemme und kostbarem Edelsteinschmuck zeigt kaiserliche Pracht, abgeleitet vom siegreichen Christus – oder gar mit ihm ineinsgesetzt. „Die Deutung des Kaiserbildnisses als Christusapotheose lässt den übrigen Schmuck des Kreuzes – Zellenschmelze, Goldfiligran, gemugelte Smaragde, Amethyste, Rubine und Perlen, vor allem jedoch die auf kleinen Arkaden ruhenden Edelsteine der Mittelstreifen – wie eine Vision des himmlischen Jerusalem erscheinen."[1]) Dieses Lotharkreuz, eines der wertvollsten Stücke der Domschatzkammer, wird aus dem Museum „befreit" und führt uns hinein in das liturgische Geschehen.

Die Prozession zieht aus der Nikolauskapelle in das „Oktogon", die monumentale Palastkirche Karls des Großen. Über zwei Geschosse ragt sie empor bis in die hohe, vom Mosaik des thronenden Christus geschmückte Kuppel. Aus der Kuppel schwebt an einer sich verjüngenden Kette der große Barbarossa-Leuchter zu uns herab, mit seinen acht Kreissegmenten die oktogonale Struktur des Raumes übernehmend und sie ausdeutend: „Das Himmlische Jerusalem wird durch dieses Bild bezeichnet, die ‚Erscheinung des Friedens' " – so übersetzt man einen lateinischen Text auf einer Inschriftleiste des Leuchters.[2]) Auch hier erleben wir liturgische Funktion: Der große Radleuchter trägt „lebende" Wachskerzen, die mit ihrem warmen Glanz den Raum erhellen. Eine große Gemeinde füllt das Oktogon, von der Empore im Obergeschoss singt die Choralschola des Domchores den gregorianischen Introitus, das Eingangslied des Festtages: „In virtute tua, Domine, laetabitur rex – An deiner Macht, Herr, freut sich der König, über deine Hilfe jubelt er laut. Du hast ihm den Wunsch seines Herzens erfüllt."[3]) Es singen Knaben; seit den Tagen Alkuins, also seit über 1200 Jahren, gibt es nach Yorker Tradition den Knabenchor, dem heute über 100 Aktive angehören.

Am Übergang vom Oktogon zur gotischen Chorhalle verneigen wir uns vor dem Altartisch, dessen Stirnseite die „Pala d'oro", das goldene Antependium Ottos III., vermutlich erst unter Heinrich II. vollendet, schmückt. In seiner Mitte thront in einer Mandorla Christus, neben ihm Maria und der Erzengel Michael, um ihn herum zehn Goldplattenreliefs mit der Leidensgeschichte, vom Einzug in Jerusalem bis zur Auferstehung. Eine Bilderbibel von wahrhaft kaiserlicher Pracht und Eindrucksfülle!

Hinter und neben dem Altar nehmen die Bischöfe und das Domkapitel Platz, wir finden mit vielen Gästen unsere Sitze in der gotischen Chorhalle. Wir sind nahe beim Altar und können das liturgische Geschehen miterleben. – Der Bischof von Aachen, Heinrich Mussinghoff, begrüßt uns alle und freut sich, dass unter den Konzelebranten zwei afrikanische Bischöfe sind. Der Hauptzelebrant, Bischof Reinhard Lettmann aus Münster, wo Kaiser Karl auf Rat Alkuins das erste Bistum seines Reiches gründete, übernimmt die liturgische Leitung und lädt uns ein zum Bußakt, zum Bekenntnis unserer Schwäche und unseres Bedarfs an Vergebung durch Gott und die Mitmenschen. Diese Einladung zur Besinnung erfährt eine wunderbare Hilfe: Der Domchor und das Aachener Sinfonie Orchester musizieren unter Domkapellmeister Berthold Botzet die f-moll-Messe von Anton Bruckner in einer ergreifenden, frommen Darbietung, die alle Längen dieser grandiosen Komposition vergessen lässt und uns völlig einfängt in den einmaligen Zauber des karolingisch-gotischen Raumkomplexes mit seinen alle Sinnen ansprechenden Komponenten: Der Duft des Weihrauchs gehört dazu wie auch der Klang der Stimmen und Instrumente, der Friedensgruß über alle politischen oder persönlichen Schranken hinweg, der Blick empor in die Höhen des gotischen Gewölbes, und dann die Korrespondenz mit den beiden Schreinen, die in der Chorhalle stehen: Dem Karlsschrein und dem Marienschrein.

Der Karlsschrein birgt die Gebeine Karls des Großen, 1165 von Friedrich Barbarossa erhoben; er steht am äußersten Ende des Chores. Der Marienschrein enthält die vier „Großen" Aachener Heiligtümer, die Karl oder seine Umgebung nach Aachen verbracht haben; er steht vorne im Chor, quer zum Altar, direkt vor uns. Heiligtümer – das sind hier Textilien, die als Windeln Jesu, als Kleid Mariens, als Lendentuch des gekreuzigten Jesus und als Enthauptungstuch des Täufers Johannes gelten. Die Echtheit der Textilien „aus der Zeit" und aus dem Orient ist verbürgt, die direkte Bezogenheit auf Träger und Ereignis jedoch nicht. Aber kommt es darauf an?

Zwischen den Lesungen singt die Schola die Karlshymne aus dem 12. Jahrhundert, die zugleich eine Hymne auf Aachen ist: „Urbs Aquensis, urbs regalis – Königliche Stadt der Wasser / Aachen, höchster Sitz im Reiche / und des Landes höchster Ruhm: / Singe Lob dem edlen Fürsten, / Karl dem Großen, deinem Herrscher, / die du bist sein Eigentum". Die Schola singt den Hymnus in der gregorianischen Fassung.

Bischof Lettmann predigt über Gott als Schöpfer, über den Menschen als Geschöpf. Das gilt auch für den Kaiser. Und das führt – so der Prediger – zu der Erkenntnis und dem Bekenntnis: Humanität ohne Divinität ist ein Torso. Liegt hier der Schlüssel zur Heiligkeit, also auch zum „heiligen Karl"? Humanität in Anbindung an die Divinität – Menschlichkeit um Gottes willen, das ist die Formel für den christlichen Herrscher genauso wie für jeden anderen, der Verantwortung für Leben trägt – wir haben viel zu denken, zu sehen, zu fühlen, zu hören, zu beten in diesem Gottesdienst. Christlicher Glaube, Kunst und Geschichte sprechen uns an, sind ganz lebendig, fordern und beglücken uns. Der Aachener Dom ist kein Museum, er ist ein Gotteshaus und – darum – ein Menschenhaus.

Zwei Stunden dauert der Gottesdienst. Das ist lang, mir aber nicht zu lang. Denn was alles erlebe ich in diesen zwei Stunden?

Ich erlebe Wandlung der Opfergaben – Brot und Wein – in Christi Leib und Blut, erlebe Kommunion unter den Klängen von Bruckners „Agnus Dei" und halte Danksagung nicht mit vergrabenem Gesicht, sondern mit Blick auf die in der Mandorla schwebende Maria und auf das „Engelkonzert", auf die musizierenden Engel, welche die Chorhalle umgeben. „Klingende Kathedrale" hat Theodor Bernhard Rehmann, der große, 1963 verstorbene Domkapellmeister, den Aachener Dom genannt. Auch an ihn denken wir, wenn wir am Schluss des Gottesdienstes noch einmal – nun mit der ganzen Gemeinde und auf die hymnische Melodie von Peter Baur – zum festlichen Orgelbraus das „Urbs aquensis" singen.

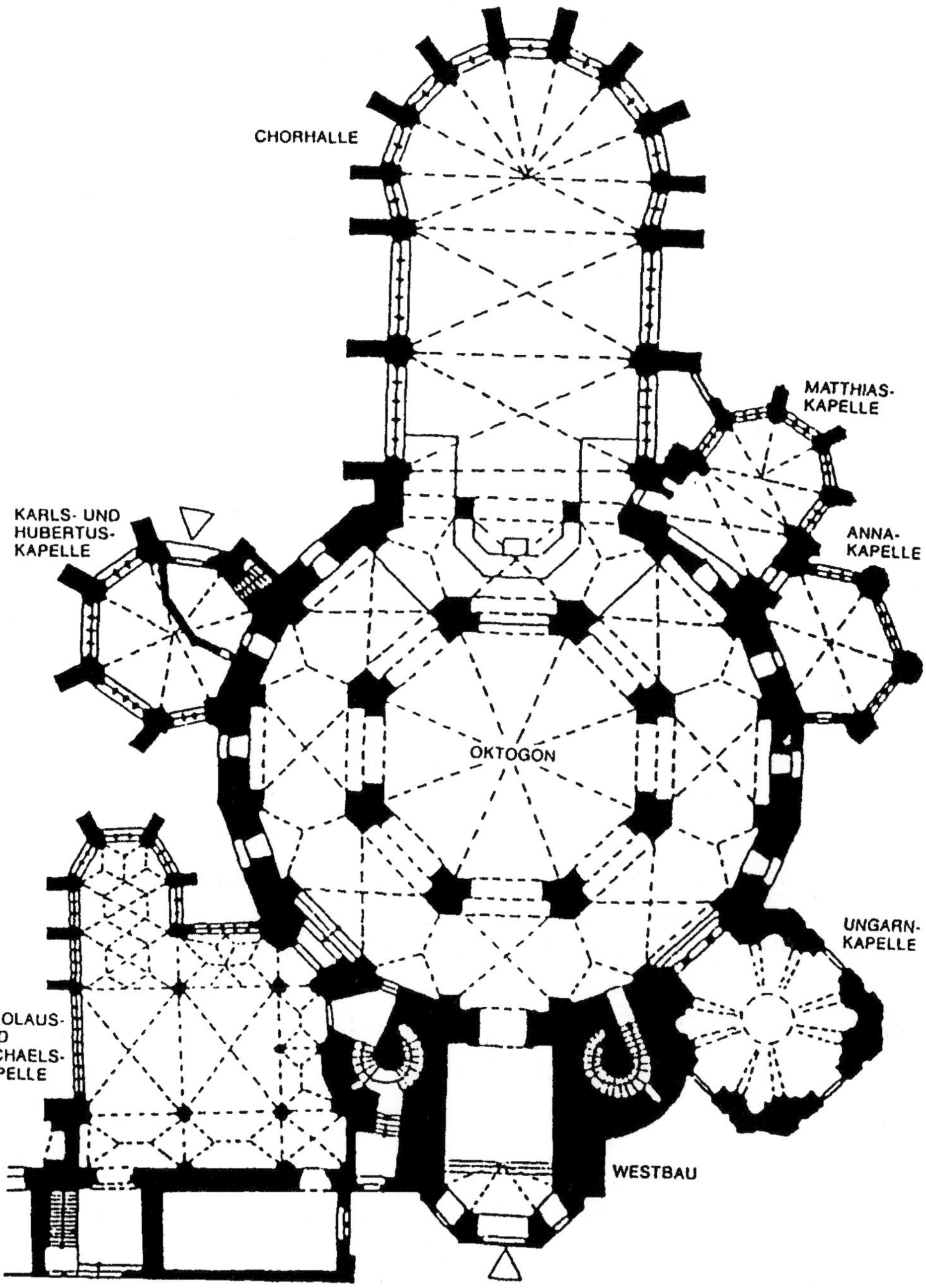

Zentrum des Aachener Domes ist die Kapelle Karls des Großen von 800. Angebaut ist im 14. Jahrhundert die gotische Chorhalle als „Gläserner Schrein" für die Heiligtümer und die Gebeine Karls in Marienschein und Karlsschrein. Der Altar steht an der Schnittstelle von Karlsbau und Chorhalle. Der Platz des Krönungsstuhls ist auf der Westseite der Empore der Pfalzkapelle, mit Blick auf Altar und Kuppel.

---

1) Ernst Günther Grimme, Der Dom zu Aachen, Aachen 1994, S. 89
2) Grimme, a.a.O., S. 14
3) Psalm 21, Vers 2-3

8. Abteilung: „Große Politik und Partnerschaft“

zum Beispiel

- nach dem „Te Deum“ in Reims,
- bei dem „Karlspreis“ in Aachen.

Kapitel 21: Te Deum laudamus – und was danach?

„Großer Gott, wir loben dich!" – So lautet die Übersetzung der ersten Zeile des „Ambrosianischen Lobgesangs", den mittlerweile evangelische und katholische Christen gleichermaßen praktizieren. – Was mögen sie gedacht und gefühlt haben, unsere großen Staatsmänner De Gaulle und Adenauer, als sie 1962 in der Kathedrale von Reims den „Großen Lobgesang" anstimmten, in dem alle Schöpfung antritt, um Gott die Ehre zu geben? Gewiss haben sie Dank und Erleichterung darüber empfunden, dass Krieg und Zwist zwischen Deutschland und Frankreich begraben wurden und brüderlichem Miteinander wichen. Sie waren als Realpolitiker sich auch klar darüber, dass nicht die feierliche Emotion allein die Zukunft ihrer beiden Völker gestalten konnte, sondern dass Konzeption und Arbeit nötig waren, um französisch-deutsche Zukunft zu gestalten. So folgte dem Te Deum der Vertrag, der Vertrag vom 22. Januar 1963 über die deutsch-französische Zusammenarbeit, nach dem Ort der Unterzeichnung „Élysée-Vertrag" genannt. Der Bitte aus dem Te Deum „Rette dein Volk, o Herr, und segne dein Erbe" entsprach das Bemühen, durch nicht mehr umkehrbare Vereinbarungen über Zusammenarbeit und Solidarität eine Völkerverbindung von Dauer zu schaffen.

Dem Vertragstext ist eine „Gemeinsame Erklärung" vorangestellt, die in aller Klarheit den Vertragszweck umreißt. Sie lautet:

„Der Bundeskanzler der Bundesrepublik Deutschland, Dr. Konrad Adenauer, und der Präsident der Französischen Republik, General de Gaulle, haben sich

- zum Abschluss der Konferenz vom 21. und 22. Januar 1963 in Paris, an der auf deutscher Seite der Bundesminister des Auswärtigen, der Bundesminister für Verteidigung und der Bundesminister für Familien- und Jugendfragen; auf französischer Seite der Premierminister, der Außenminister, der Armeeminister und der Erziehungsminister teilgenommen haben,
- in der Überzeugung, dass die Versöhnung zwischen dem deutschen und dem französischen Volk, die eine Jahrhun-

derte alte Rivalität beendet, ein geschichtliches Ereignis darstellt, das das Verhältnis der beiden Völker von Grund auf neu gestaltet,

- in dem Bewusstsein, dass eine enge Solidarität der beiden Völker sowohl hinsichtlich ihrer Sicherheit als auch hinsichtlich ihrer wirtschaftlichen und kulturellen Entwicklung miteinander verbindet,
- angesichts der Tatsache, dass insbesondere die Jugend sich dieser Solidarität bewusst geworden ist, und dass ihr eine entscheidende Rolle bei der Festigung der deutsch-französischen Freundschaft zukommt,
- in der Erkenntnis, dass die Verstärkung der Zusammenarbeit zwischen den beiden Ländern einen unerlässlichen Schritt auf dem Wege zu dem vereinigten Europa bedeutet, welches das Ziel beider Völker ist,

mit der Organisation und den Grundsätzen der Zusammenarbeit zwischen den beiden Staaten, wie sie in dem heutigen Vertrag niedergelegt sind, einverstanden erklärt."

Wenn man sich diesen Text laut vorliest, dann meint man geradezu Adenauer´sche Diktion zu spüren und zu hören. Ich vermute, dass der Text von ihm selbst stammt oder in seiner nächsten Umgebung redigiert wurde. Deutlicher und präziser kann man nicht formulieren. Und auch die Vollständigkeit stimmt: Außenpolitik, Verteidigung, Familie und Jugend, Wirtschaft und Kultur, Vereinigung Europas. Nichts Wichtiges ist ausgeklammert. (Ein Freund, der lange in Frankreich lebte, versichert mir übrigens, dass er sich gleichermaßen an die Stimme und die Diktion von Charles de Gaulle erinnert fühlt. Das finde ich sehr schön!)

Der Vertrag selbst legt im einzelnen fest: Treffen der Regierungschefs, soweit nötig, mindestens jedoch zweimal im Jahr; regelmäßige Konferenzen der Außenminister, die für die gesamte Ausführung des Vertrages verantwortlich sind, mindestens alle drei Monate; monatliche Treffen der für politische, wirtschaftliche und kulturelle Angelegenheiten zuständigen leitenden Beamten beider Außenministerien; Kontaktnahme zwischen den diplomatischen Vertretungen und den Konsulaten beider Staaten sowie ihren diplomatischen Vertretungen bei den internationalen Organisationen; Treffen der Verteidigungs- bzw. Armeeminister sowie der Generalstäbe – um nur einige der Beziehungsfelder zu nennen.

Mit besonderer Betonung behandelt der Vertrag die Begegnung der Jugend. Es heißt wörtlich: „Der deutschen und französischen Jugend sollen alle Möglichkeiten geboten werden, um die Beziehungen, die zwischen ihnen bestehen, enger zu gestalten und ihr Verständnis füreinander zu vertiefen... Es wird ein Austausch- und Förderungswerk errichtet, an dessen Spitze ein unabhängiges Kuratorium steht." – Noch im Jahr 1963 wurde das „Deutsch-Französische Jugendwerk" geschaffen.

Wenn man das alles liest, dann ist man beeindruckt von der Fülle der in die deutsch-französische Zusammenarbeit einbezogenen Fragen und der Konsequenz ihrer Behandlung, die fast einer Aufgabe einzelstaatlicher Souveränität zugunsten eines Staatenbundes nahe kommt. Da mag man bedauern, dass der Deutsche Bundestag dem Vertrag eine Präambel vorangestellt hat, welche den Fortbestand politischer Handlungsfähigkeit der Bundesrepublik Deutschland im Auge hat und den deutsch-französischen Vertrag nicht gelten lässt für politische Felder, die bereits anderweitig besetzt sind: Europäische Wirtschaftsgemeinschaft und NATO. Dies bedeutete unter anderem eine Absage an die de Gaulle´sche Formel vom „Europa der Vaterländer". Die Präambel ist politisch heftig umkämpft; ihr Autor war wohl der SPD-Politiker Carlo Schmid, Sohn eines deutschen Vaters und einer französischen Mutter. Adenauer hat die Präambel – ungern – akzeptiert, um eine möglichst breite Mehrheit im Bundestag für den Vertrag zu finden. Dies ist dann auch geglückt; am 2. Juli 1963, also ein halbes Jahr nach der Unterzeichnung, wird der Vertrag plus Präambel mit den Stimmen aller Fraktionen ratifiziert.

Carlo Schmid schreibt in seinen „Erinnerungen": „In einer Unterhaltung, die ich als Präsident der Versammlung der Westeuropäischen Union am Ende des Jahres (1963, d. Verf.) mit General de Gaulle hatte, sprach er nicht nur den Engländern die Qualität ab, „europäisch" sein zu können, sondern bedauerte auch, dass der Bundestag jene Präambel beschlossen habe. Dadurch sei der ursprünglich gewollte Sinn des Vertrages zum Teil entscheidend beeinträchtigt worden.")[1])

Dieses Buch erscheint nach dem 40. Geburtsjahr des deutsch-französischen Freundschaftsvertrages. Vieles ist da gesagt und geschrieben worden über seine Bedeutung und seine Folgen. Es ist deutlich geworden, dass der Vertrag trotz aller Unumkehrbarkeit immer der inneren Zustimmung der Regierenden bedarf, um zu leben und stets neue Realisierung und Begeisterung zu finden. Es wird aber auch deutlich werden, dass inzwischen – von der Basis bis zur Spitze – eine Pyramide politischer, kultureller und menschlicher Beziehungen geschaffen wurde, die eine Staatengemeinschaft trägt und der deutsch-französischen Verbindung innerhalb der Europäischen Gemeinschaft einen gewissen Sonderstatus einräumt. Die Städtepartnerschaft Aachen – Reims gehört zu dieser Pyramide.

Am 14. September 1978 besuchten Präsident Valéry Giscard d'Estaing und Kanzler Helmut Schmidt im Geist der Länderfreundschaft gemeinsam den Aachener Dom. – Am 1. November 1988 erhielten Präsident François Mitterrand und Kanzler Helmut Kohl im Aachener Krönungssaal den Internationalen Karlspreis der Stadt Aachen für ihre Verdienste um die Einigung Europas. Über den Preisträger des Jahres 2003, den ehemaligen französischen Staatspräsidenten Valérie Giscard d´Estaing, und die besondere Bedeutung der Preisverleihung an ihn als den Präsidenten des Europäischen Konvents sprechen wir noch.

---

[1]) Carlo Schmid, Erinnerungen, Bern/München/Wien 1979, S. 746, auch S. 722

Kapitel 22: Karlspreis an den Präsidenten des Europäischen Verfassungskonvents

Am Himmelfahrtstag des Jahres 2003 erhält der Präsident des Europäischen Verfassungskonvents Valéry Giscard d'Estaing, ehemaliger französischer Staatspräsident, im Krönungssaal des Aachener Rathauses aus der Hand von Oberbürgermeister Jürgen Linden den Internationalen Karlspreis der Stadt Aachen. Er empfängt den Preis wegen seiner Verdienste um eine europäische Verfassung, deren Entwurf fertig gestellt ist und die nun von den zuständigen Organen der Mitgliedstaaten beraten und verabschiedet werden soll.

Es ist hier nicht der Ort, diesen Verfassungsentwurf zu beurteilen und über Institutionen, Ämter und Kompetenzen zu reden. Es soll nur gesagt werden, dass die Preisverleiher den großen Versuch ermutigen wollen, die Europäische Union mit einer demokratischen Verfassung auszustatten, die der Staatengemeinschaft Form und Einheit gibt. Dabei ist jedem klar, dass die angestrebte „Union der 25" etwas anderes ist als die in den Römischen Verträgen grundgelegte „Gemeinschaft der 6", nicht nur quantitativ. Das in diesem Buch beschworene Freundschaftsverhältnis Frankreich – Deutschland sieht sich hineingestellt in größere Zusammenhänge und Bindungen, von denen Adenauer und De Gaulle nicht zu träumen wagten, ja, die sie vielleicht gar nicht wollten.

Aber wir, wir wollen sie, die größeren Zusammenhänge, die eine neue Weltordnung schaffen können. Anders ist die Zukunft nicht zu bestehen. Doch wir wollen auch die Freundschaften erhalten und pflegen, die sozusagen intimen Bindungen und Lieben, die uns reich und glücklich machen. Und dazu gehört die Freundschaft zwischen Deutschland und Frankreich. Ein Europa, in dem diese „Sonderliebe" nicht bestehen könnte, wäre für mich kein Europa.

Kein Geringerer als Bundespräsident Johannes Rau spricht dies aus, als er in seiner Laudatio dem neuen Preisträger sagt: „Mit Valéry Giscard d'Estaing erhält zum achten Mal eine Persönlichkeit aus Frankreich den Karlspreis. Aus keinem anderen

Land, auch nicht aus Deutschland, kommen mehr Preisträger, obwohl wir Sie ein wenig auch zu uns rechnen wollen; schließlich sind Sie ja in Koblenz geboren. – Ihre Auszeichnung würdigt auch die deutsch-französische Zusammenarbeit. Die ist gerade in schwierigen Zeiten zum Wohle Europas besonders wichtig. Sie selber, Herr Präsident, haben darauf hingewiesen, dass ‚in der Geschichte Europas die Zeiten, in denen Deutsche und Franzosen eng beieinander standen, stets Zeiten des Fortschritts gewesen sind'. – Natürlich haben Deutsche und Franzosen häufig auch unterschiedliche Interessen und Auffassungen. Deshalb haben sie sich besonders intensiv darum bemüht, Kompromisse zu finden. – Über viele Jahre und über alle Parteigrenzen hinweg hat sich das deutsch-französische Tandem bewährt – von Konrad Adenauer und Charles de Gaulle über Helmut Kohl und François Mitterrand bis zu Gerhard Schröder und Jacques Chirac. Sie selber, lieber Valéry Giscard d'Estaing, bildeten gemeinsam mit Helmut Schmidt, so würde man heute auf gut neudeutsch sagen, ein europäisches ‚dreamteam'."[1)]

Bei der Preisverleihung an Giscard d'Estaing wird deutlich: Das große Anliegen der europäischen Verfassung lässt den Charme der deutsch-französischen Freundschaft durchaus zu, ja, es setzt sie voraus. – Um dies auch und gerade außerhalb des „Staatsaktes" zu bekunden, lässt der ehemalige französische Staatspräsident sich ein auf ein außerprotokollarisches Spiel. Eine Studentin aus Reims, die in Aachen studiert, Lidvine Thomas, darf ihn interviewen, darf mehrmals seinen Weg kreuzen. Sie macht dies mit Geist und Humor und kommt in der Aachener Presse hervorragend heraus, in Wort und Bild. „Er hat Visionen", sagt sie über den Präsidenten, „er ist optimistisch, und er betont, dass Europa vor allem von den Bürgern gelebt werden muss".[2)] – Was erleben wir da? Das berühmte „Lächeln von Reims", le „sourire de Reims" überstrahlt die europäische Zeremonie und verheißt deutsch-französische Freundschaft über alle politischen Konstellationen hinweg.

Ist das so? Klappt das wirklich? Das liegt an uns selbst, und ich denke, am Himmelfahrtstag des Jahres 2003 hat es beispielhaft geklappt. Es ist schön und wichtig, dass im hochpolitischen Geschehen Völkerfreundschaft und in deren Rahmen auch die Städtepartnerschaft Aachen – Reims ihren Platz haben und ihren bürgerlichen, kulturellen, freundschaftlichen Part spielen.

Noch einmal zum Karlspreis der Stadt Aachen. Ein kritisches Wort des französischen Historikers Jacques Le Goff, den ich zum Thema Reims mehrfach zitieren durfte, sei auch hier nicht unterschlagen. Le Goff schrieb jüngst (2004): „Die Kaiserkrönung Karls des Großen war ... im Wesentlichen eine Rückkehr zur Vergangenheit, ein Bestreben, das Römische Reich wieder aufleben zu lassen, und kein Zukunftsprojekt, das sich auf das Schicksal Europas bezogen hätte. Sicher, als Karl der Große auf dem alten fränkischen Gebiet Aachen zur neuen Hauptstadt ausbauen ließ, dachte er daran, hier das ‚kommende Rom' entstehen zu lassen. Dabei ging es natürlich um eine Herausforderung an das ‚neue Rom', das heißt Konstantinopel. Aber vor allem ging es darum, zurückzublicken auf das Rom, das nicht Sitz eines europäischen Karolingerreichs war, sondern die Hauptstadt eines Papstes, der keine besondere Macht besaß. Nach Karl dem Großen trat Aachen in den Hintergrund; gerade erst in den Mittelpunkt gerückt, hörte es auf, die Hauptstadt des Abendlands zu sein, auch wenn der Mythos während des ganzen Mittelalters fortlebte. Nur prachtvolle Bauwerke sind erhalten geblieben, die den Traum Karls des Großen bezeugen. Die Europaveranstaltungen, die heute in der alten Kaiserpfalz stattfinden, sind nostalgische Zeremonien ..."3)

So schreibt der leidenschaftliche Laizist, dem gewiss auch ein Gottesbezug in der Europäischen Verfassung nicht passen würde.

Nun wurde aber der Karlspreis 2003 einem Staatsmann überreicht, dessen Verfassungsentwurf genau das zu erfüllen versucht, was Le Goff als Forderung des italienisch-amerikanischen Mediävisten Robert Sabatino Lopez zitiert: „Wer heute von Europa spricht, denkt nicht an eine Einheitsreligion oder einen universellen Staat, sondern an einen Komplex politischer Institutionen, weltlichen Wissens, künstlerischer und literarischer Traditionen, wirtschaftlicher und gesellschaftlicher Interessen, die ein Mosaik freier Meinungen und unabhängiger Völker untermauern."4) Da ist dann eine Karlspreisverleihung nicht nur eine „nostalgische Zeremonie", ebenso wenig wie die außerordentliche Karlspreisverleihung an Papst Johannes Paul II. im Jahr 2004.

Man kann die Zukunft nicht gut gestalten ohne Respekt vor den Werten, aus denen sie geboren wurde und die sie tragen müssen. Das „Lächeln von Reims" und seine Zusammenhänge gehören dazu. Meine Kinder und Kindeskinder freuen sich auf diese Zukunft.

---

1) zit. nach Olaf Müller und Bernd Vincken, Der Europäische Konvent und die Verfassung der Union, Aachen 2003, S. 32 f.
2) Aachener Zeitung v. 30. Mai 2003
3) Jacques Le Goff, Die Geburt Europas im Mittelalter, München 2004, S. 52
4) Robert Sabatino Lopezi, hier zitiert nach Le Goff, a.a.O., S. 53

Ausblick und Dank

Dank den Sprechern der Vorworte, deren jedes ganz große Bedeutung für dieses Buch und für mich selbst hat:

- dem Herrn Oberbürgermeister Dr. Jürgen Linden,
- dem Herrn Europaabgeordneten Armin Laschet,
- dem Herrn Vorsitzenden des Partnerschaftskomitees Aachen – Reims Dr. Wolf Steinsieck.

Die Herren haben aus ihren jeweiligen Positionen heraus das Manuskript besprochen. Sie sind auch um kritische Anmerkungen gebeten worden, die mir insbesondere Herr Dr. Steinsieck aus dem profunden Wissen des Historikers und Philologen und Frankreichkenners gegeben hat.

Dank dem Verleger und Drucker.

Dank Herrn Gerd Ramakers, der als „Setzer alten Schlages" mein Konzept in schöne, lesbare und freundlich anmutende Schrift gesetzt, den Umbruch gemacht und für die Gestaltung des Buches maßgebliche Impulse gegeben hat und mit dem man auch über Inhalte diskutieren konnte.

Dank Frau Hedda Moßner, die meine ersten handschriftlichen Notizen auf ihrem Computer überhaupt erst lesbar gemacht hat.

Dank allen Freunden und insbesondere meiner Frau Thesi, die mich vor Irrwegen bewahrt und Bereicherndes beigetragen haben.

Dank nicht zuletzt allen Reisegefährten vom „Musikkreis St. Aposteln" und um ihn herum, die unsere Reise organisiert und mitgemacht haben und mit mir noch gerne an diese Reise zurückdenken, die aber nicht nur zurückdenken, sondern auch weiterdenken, hin auf eine gute und nach so vielen Wirren andauernde Freundschaft zwischen Deutschen und Franzosen. Das ist ja der Sinn dieses Buches.

Alles, was ich in diesem Buch zu sagen versucht habe, und noch ein ganzes Stück mehr kommt in einem wunderbaren Aufsatz zum Ausdruck, den der saarländische Ministerpräsident und Bevollmächtigte der Bundesrepublik Deutschland für kulturelle Angelegenheiten im Rahmen des Vertrages über die deutsch-französische Zusammenarbeit, Peter Müller, jüngst geschrieben hat und den ich mit Erlaubnis des Herausgebers und des Verlages in vollem Wortlaut als Anlage wiedergeben darf. Ein Kernsatz dieses Aufsatzes ist die Feststellung, dass die Formel „von der Erbfeindschaft zur Erbfreundschaft" auf das deutsch-französische Verhältnis nicht zutreffe, weil es eine Erbfeindschaft eigentlich nie gab. Die Gemeinsamkeiten der Kultur und ihre gegenseitigen Ergänzungen sind so groß, dass sie nur im Geiste von Freundschaft und Brüderlichkeit entstehen konnten. Pflegen wir sie weiter!

Peter Müller:

Deutschland und Frankreich – Vom kulturellen Feindbild zur gemeinsamen Verantwortung

Im Januar diesen Jahres feierten deutsche und französische Abgeordnete gemeinsam mit ihren Regierungen in Paris den 40. Jahrestag des Deutsch-Französischen Vertrages. Dieses zu Recht gefeierte Ereignis besiegelte die nach dem Zweiten Weltkrieg begonnene Aussöhnung von Deutschen und Franzosen. Es dokumentierte die endgültige Abkehr von einer Jahrzehnte währenden Feindschaft, die nicht nur über die beiden Völker, sondern über den gesamten Kontinent eine Epoche der kriegerischen Auseinandersetzungen und des sinnlosen Blutvergießens gebracht hatte.

Nicht umsonst spielen die deutsch-französischen Kulturbeziehungen im Élysée-Vertrag eine herausragende Rolle. Eine gemeinsame auf Integration abzielende Kulturpolitik sollte die neue politische Partnerschaft untermauern. Das gegenseitige Kennenlernen vor allem der Jugend sollte die beiden Nationen dauerhaft zusammenführen. Kulturpolitik sah sich in der Verantwortung, bestehende Klischees, Vorurteile und die damit verbundenen Feindbilder abzubauen.

Man darf heute, 40 Jahre nach der Unterzeichnung des Élysée-Vertrages, feststellen, dass dies ohne jeden Zweifel gelungen ist. Unzählige deutsch-französische Städtpartnerschaften sind seither entstanden. Keine zwei Staaten in Europa pflegen heute intensivere wirtschaftliche Beziehungen als Frankreich und Deutschland. Über sieben Millionen Jugendliche sind sich im Rahmen des deutsch-französischen Jugendwerkes begegnet. Umfragen belegen, dass sich Deutsche und Franzosen heute gegenseitig schätzen und als enge Partner, ja als befreundete Nationen ansehen. Joseph Siebergers Diktum aus Zeiten der Feindschaft, Deutsche und Franzosen markierten die jeweils äußerste Möglichkeit des Menschseins, mutet genau so fremd und überlebt an wie die Beschreibungen Germaniens durch den römischen Schriftsteller Tacitus.

Aus:

Armin Laschet / Friedbert Pflüger (Hrsg.)

Frankreich in Europa

Herausgegeben anlässlich der Karlspreisverleihung 2003 an Valéry Giscard d'Estaing. Weiss-Verlag, Monschau 2000

Dennoch erscheint die Freude über das gelungene Versöhnungswerk nicht ohne Trübnisse. Überrascht müssen wir nämlich feststellen, dass die Normalisierung des deutsch-französischen Verhältnisses auch ihren Preis hat: Es ist der des abnehmenden Interesses füreinander, am besten abzulesen im massiven Rückgang des gegenseitigen Spracherwerbs. Fast fühlt man sich an eine Beziehungstragödie erinnert, an ein Paar, das sich aus tiefer Hassliebe immer wieder den heftigsten Eruptionen aussetzt und das nach der Überwindung der Gegensätze im friedvollen Alltagsarrangement jegliches Interesse füreinander verliert. Auch im deutsch-französischen Verhältnis sollte man die Gefahr nicht ignorieren, die dann heraufzieht, wenn aus dem Gegeneinander lediglich ein koexistierendes Nebeneinander statt eines kooperativen Miteinanders wird. Um dies zu verhindern, ist es zunächst notwendig, sich der Besonderheit der deutsch-französischen Beziehungen in der Vergangenheit bewusst zu werden.

Die einfache Formel „von der Erbfeindschaft zur Erbfreundschaft" kann schon allein deswegen nicht aufgehen, weil es diese Erbfeindschaft eigentlich nie gab. Sicher gab es Feindschaft, heftige und unerbittliche. Aber diese Feindschaft war keineswegs Jahrhunderte alt. „Erbfeindschaft" war vielmehr das Kunstprodukt einer wenig mehr als 50-jährigen Epoche, ein nationaler Mythos, der im Zeitalter des extremen Nationalismus den jeweils eigenen Sendungsdrang legitimierte und die dazu notwendigen Massen mobilisierte. Ein Mythos, der all das für sich in Anspruch nahm und entsprechend umdeutete, was die Geschichte hierfür herzugeben schien. In Wirklichkeit hatte jedoch weder der Konflikt zwischen Frankreich und der Habsburg-Monarchie noch der Drang Ludwigs XIV. bis zum Rhein etwas mit nationalen Aversionen oder gar mit Feindschaft der Völker zu tun. Dies war nichts anderes als gängige dynastische Praxis in einer Zeit, in der kaum ein deutscher Fürstensohn nicht seine höfischen Lehrjahre in Versailles verbrachte, in der fast an allen deutschen Höfen französisch gesprochen wurde, in der die vertriebenen französischen Hugenotten im Preußen des Großen Kurfürsten willkommene Aufnahme fanden, in der deutsche Adelsfrauen in enger Korrespondenz mit französischen Aufklärern standen und in der Voltaire im jungen Kronprinz Friedrich von Preußen die Epoche der idealen Philosophenherrschaft heraufziehen sah.

Feindschaften zwischen Nationen konnte es in dieser Zeit auch nicht geben, da es die Nationen noch gar nicht gab. Erst mit dem Heraufziehen eines nationalen Bewusstseins Ende des 18.

Jahrhunderts und mit der Entstehung des Nationalismus zu Beginn des 19. Jahrhunderts begann eine dünne akademische Elite mit dem Aufbau deutsch-französischer nationaler Gegensätze. In Abgrenzung zur französisch geprägten deutschen Hofkultur, im Erschrecken vor den Exzessen der französischen Revolution und im Widerstand gegen die napoleonische Okkupation bildeten sich im deutschen Bürgertum weitgehend antifranzösische Projektionen eines spezifischen kulturell überlegenen deutschen Volkscharakters aus. Als typisch französisch wurde vor diesem Hintergrund eine vermeintlich gekünstelte, heuchlerische, oberflächliche, prunksüchtige Adelswelt im Gegensatz zum einfachen, ursprünglichen, ehrlichen, sparsamen und fleißigen deutschen Bürger beschworen. Als typisch französisch wurde die vermeintlich kalte und mechanistische Rationalität der Aufklärung gegeißelt, die im jakobinischen Zentralismus der französischen Revolution zur Unterdrückung des originär Gewachsenen und in der Volksseele Verankerten geführt haben soll. Als typisch französisch wurde sogar die Entladung niederer Instinkte, sei es in den eruptiven Exzessen der Revolution, sei es in den dekadenten Schriften eines Marquis de Sade, bezeichnet. Und als typisch französisch wurde ein permanentes Expansionsstreben unterstellt, das lediglich aus Beutegier immer wieder das friedliebende und verteidigungsschwache Deutschland überzogen hätte.

Dagegen setzte man die deutsche Kultur: den deutschen Staat, der nie bloß Herrschaftsinstrument war, sondern – laut Hegel – die „Wirklichkeit der sittlichen Idee" und vor dem der einzelne mithin nicht – wie in der westlichen Staatsauffassung – eigens geschützt werden musste; die deutsche Volksseele, die tiefgründig und in unverdorbener Reinheit nach sittlicher Vollkommenheit strebte; die deutsche Staatenwelt, die organisch gewachsen auch der tiefsten Provinz ihre eigentümliche Identität beließ; die deutsche Friedensliebe, die über Jahrhunderte immer wieder das Opfer französischer Aggression wurde; die deutsche Kunst und Literatur, die frei von populistischer Oberflächlichkeit und niederer Instinktivität der reinen Moral und Ästhetik diente. Kurz: Die „Civilisation Française" wurde gleichgesetzt mit wertezerstörender Dekadenz, die deutsche Kultur mit sittlich-humanistischer Vervollkommnung.

Massenwirksam wurde dieses Bild freilich erst Ende des 19. Jahrhunderts, als der Nationalismus alle Volksschichten erfasst hatte und das neugegründete Kaisereich in den Status einer Weltmacht getreten war. Auch hatte sich das Feindbild angereichert: Paris galt jetzt erst recht mit seinem „Moulin Rouge" und den frivolen Operetten des ausgewanderten Juden Jacques Offenbach als dekadenter Sündenpfuhl; als Kolonialmacht stritt Frankreich mit den anderen westlichen Staaten um die Ausbeutung fremder Kontinente, und der Einsatz von afrikanischen Soldaten im Krieg 1870/71 gegen Deutschland wurde als Gipfel des kulturellen Verfalls gesehen: „Bestialische Turcosbanden [...] vom Atlas über das Mittelmeer zu holen, um sie auf die Rheinlande loszulassen, das ist Civilisation, uns mit ihren viehischen Lüsten zu drohen, das ist guter Geschmack.", so der Rektor der Königlichen Friedrich-Wilhelms-Universität zu Berlin, Emil du Bois-Reymond, Nachfahre hugenottischer Auswanderer. Erst jetzt sollte am „deutschen Wesen" in Abgrenzung von den westlichen Demokratien und hier vor allem von Frankreich die Welt genesen. Und erst jetzt sprach man von „Erbfeindschaft", ein Topos, das sich gerade und besonders nach dem Versailler Frieden popularisierte und sich bis zur endgültigen Niederlage 1945 hartnäckig hielt.

Hingegen kann man mindestens bis zur Reichsgründung kaum von einer prinzipiellen deutsch-französischen Feindschaft sprechen. Zwar gab es jenes kulturelle Überlegenheitsdenken – wie beschrieben – schon recht früh. Es war jedoch keineswegs dominant. Schließlich hatte Hegel Napoleon Bonaparte noch als „Träger des Weltgeistes" bezeichnet. Und anlässlich des Sieges der republikanischen französischen Freiwilligenheere über die Koalitionstruppen bei Valmy im Jahre 1792 sprach Goethe jenen berühmt gewordenen Satz: „Von hier und heute geht eine neue Epoche der Weltgeschichte aus und Ihr könnt sagen, Ihr seid dabei gewesen!" Auch war Frankreich für die Liberale Bewegung des Vormärz bis hin zur Revolution von 1848 in gewisser Hinsicht immer wieder Vorbild. So sang man in der Pfalz im Vorfeld des Hambacher Festes 1832 die Marseillaise als Symbol für Freiheit und Emanzipation. Überhaupt: Frankreich als Land der Revolutionen übte auf Gleichgesinnte in Deutschland immer eine gewisse Faszination aus.

Umgekehrt kann man in Frankreich bis zum Krieg 1870/71 nicht von prinzipiellen Feindschaftsgefühlen gegenüber Deutschland sprechen. In ein gewisses zivilisatorisches Überlegenheitsgefühl mischte sich gleichzeitig Interesse und Bewunderung für deutsche Philosophie, für deutsche Kunst wie auch und insbesondere für die deutsche Musikkultur des 19. Jahrhunderts. Gerade auf diesen Ebenen herrschte das ganze Jahrhundert hindurch reger und fruchtbarer Austausch. Auch kamen in dieser Zeit erste Visionen von einem vereinigten Europa auf. Der französische Schriftsteller Victor Hugo war es, der am 14. Juli 1870 – also am Vorabend des deutsch-französischen Krieges – in seinem Garten auf Guernsey die Eiche der Vereinigten Staaten von Europa pflanzte. Erst die Erfahrung der drei Kriege zwischen 1870 und 1945 ließ in Frankreich kollektive antideutsche Aversionen wachsen. Hatte man 1870/71 noch gegen „Prussiens" gekämpft und hieß der französische Erbfeind zu jener Zeit noch „Albion perfide", also Großbritannien, so waren dies im ersten Weltkrieg unzweifelhaft „Les Allemands". Doch bei aller Feindschaft blieb auch in dieser Zeit jene eigentümliche Ambivalenz von gegenseitigen Aversionen und gleichzeitiger Bewunderung bestehen. Ja, gerade die Niederlage von 70/71 hatte in Frankreich einen Unterlegenheitsschock gegenüber Preußen-Deutschland ausgelöst. Die preußische Überlegenheit führte man vor allem auf das preußische Bildungssystem zurück, nach dessen Vorbild das französische dann reformiert wurde. Auch gehörte das Beherrschen der deutschen Sprache in Kreisen der Wissenschaft und Literatur in Frankreich zum Standard. Bis in die achtziger Jahre des 20. Jahrhunderts war in den französischen Gymnasien Deutsch die erste Fremdsprache der Eliteschüler, ähnlich wie Latein und Griechisch in Deutschland. Umgekehrt war bis weit ins 20. Jahrhundert hinein die Pflege der französischen Sprache gängige Praxis beispielsweise in deutschen Diplomatenkreisen.

Nach der Niederlage im Zweiten Weltkrieg war das Konzept von einer besonderen kulturellen Sendung Deutschlands mit einem Schlage diskreditiert. Der „besondere deutsche Weg" in die Moderne hatte in die Katastrophe geführt: Der Preis waren Millionen Tote, verwüstete Städte und schließlich die Teilung. Die Bundesrepublik als Nachfolgestaat des Deutschen Reiches nahm die Grundprinzipien der westlichen Demokratien an. Dies war ein bewusster Bruch mit der deutschen Sonderwegstradition, der anders als in der Weimarer Republik, deren Verfassung von den intellektuellen und kulturellen Eliten weitgehend als „undeutsch" abgelehnt wurde, diesmal deren breiten Zuspruch erfuhr. Lediglich die daraus gezogene außenpolitische Konsequenz der Eingliederung in die westlichen Bündnissysteme der NATO und der EWG war in diesen Kreisen anfangs umstritten, da man damit die deutsche Einheit auf lange Sicht preiszugeben schien.

Dieser als „Westbindung" bezeichnete Traditionsbruch legte die Grundlagen auch und insbesondere für die deutsch-französische Aussöhnung, die mit dem Élysée-Vertrag besiegelt wurde. Doch so sehr sich die Bundesrepublik damit in grundlegenden Verfassungsfragen – Schutz der Grundrechte, Gewaltenteilung, parlamentarische Kontrolle – der französisch-republikanischen Tradition angenähert hatte, in zahlreichen Feldern der politischen Praxis und politischen Kultur und nicht zuletzt auch der Mentalität beider Bevölkerungen wirkten unübersehbare Unterschiede fort.

So begründete Frankreich die Idee der Nation weiterhin als kollektive Bejahung der republikanischen Verfassung, während in Deutschland der völkische Nationenbegriff aufgrund von Teilung und Gebietsverlusten und der damit verbundenen Flüchtlingsproblematik neue Aktualität gewann. Im Verhältnis zur eigenen Nation unterschieden sich beide nun sogar stärker als früher: In Frankreich war die Nation in Form der Résistance und dem von de Gaulle proklamierten „France libre" um einen weiteren positiven Mythos bereichert worden. Die Nation war es schließlich, die Frankreich aus Besatzung, Unterdrückung und Fremdbestimmung hinausgeführt und so die Ehre Frankreichs gerettet hat. Ganz gegenteilig war in Deutschland die Nation wegen ihrer bereitwilligen Inanspruchnahme durch den Nationalsozialismus mit einem Bann belegt. Das Nationale, das Frankreich erlöste, hat Deutschland in den Abgrund geführt. Auch unterschied sich die Bundesrepublik hinsichtlich ihres föderalen Aufbaus radikal vom französischen Zentralstaatsmodell, was sich in Verbindung mit dem jeweiligen Fokus auf die eigene Nation vor allem auf die künftige Gestaltung Europas auswirkte; dies vor allem nach der Gründung der Fünften Republik, die mit ihren bonapartistischen Elementen Amt und Person des Präsidenten eine gewisse monarchische Aura verlieh. Hinzu kam die jeweils andersartige Rolle des Staates vor allem in Fragen der Wirtschafts-, Währungs- und Finanzpolitik. Und hinzu kam die stark hierarchisch gegliederte sozial polarisierte und noch sehr agrarisch geprägte französische Gesellschaft im Gegensatz zur nicht zuletzt durch den Nationalsozialismus eher nivellierten und – bei allen Zerstörungen – hochentwickelten Industriegesellschaft der Bundesrepublik.

Solch tiefgreifende Unterschiede behinderten freilich nicht die Aussöhnung; im Gegenteil, sie förderten sie sogar: Das jeweils Andersartige – nun von seiner pejorativen Deutung befreit – zog sich verbunden mit gestiegenem Wohlstand und wachsender Mobilität gegenseitig an. Dies trug nicht nur zum Erfolg des deutsch-französischen Jugendwerkes bei, dies öffnete auch den Weg für die zahlreichen Städte- und Gemeindepartnerschaften, die in den sechziger und siebziger Jahren nur so aus dem Boden schossen. Franzosen schwärmten plötzlich von den „Fêtes de bières" oder vom „carnaval allemand". Im Gegenzug berichten heute noch die Pioniere der Städtepartnerschaften von den opulenten, sich bis tief nach Mitternacht hinziehenden acht- oder neungängigen Menus, die sie in ganz normalen französischen Haushalten zum ersten Mal erleben durften. In der den Franzosen nachgesagten Art, das Leben zu genießen, sahen die Bewohner der ohnehin nun stärker katholisch geprägten Bundesrepublik nach den entbehrungsreichen Kriegs- und Nachkriegsjahren keinen Frevel mehr. Die französische Lebensart entwickelte sich nun in Deutshland eher zum – wenn auch oft verklärten, aber immerhin positiven – Vorbild.

Im Zuge dieser Städtepartnerschaften begegneten sich Vereine und Schulen, die jeweils wiederum formell oder informell eigene Partnerschaften gründeten, und es begegneten sich Menschen, die freundschaftliche Beziehungen oder gar Lebens- und Ehepartnerschaften knüpften. Und schließlich: All dies lebte von einem gewissen Sensationscharakter, den diese deutsch-französischen Begegnungen bis vor zwanzig Jahren noch hatten, was nicht zuletzt auch zum Erlernen der jeweiligen Sprache beitrug.

Aber mehr noch: Nicht nur im Bereich des Privaten, des Kommunalen und der Breitenkultur kam es zu vielfachen Verflechtungen, auch im Bereich der sogenannten Elitenkultur. Die „Littérature engagée" von Emile Zola bis hin zum Existenzialismus wurde zum Vorbild für deutsche Literaten, die in der traditionellen Politikabstinenz deutscher Kulturschaffender mit eine Ursache für die deutsche Katastrophe sahen. Der Existenzialismus eines Jean Paul Sartre wurde zum Kompass der vorachtundsechziger Jugend, die im vom Nationalsozialismus aufgerissenen Traditionsvakuum bei beginnender gesellschaftlicher Säkularisierung nach Orientierung suchte und diese in Sartres „selbstbestimmtem Sein" fand. Auch erlebte die

Rezeption deutscher Philosophen von Marx über Nietzsche bis zu Heidegger in Frankreich von den 50er bis in die 80er Jahre hinein eine neue Blüte. Im Gegenzug nährte sich die Postmoderne im Deutschland der achtziger Jahre wesentlich von französischen Denkern wie Foucault, Derrida, Bourdieu etc.

Gleichzeitig intensivierten sich gerade in den letzten zwanzig Jahren die deutsch-französischen Kulturbeziehungen dort, wo sie einen institutionellen Rahmen fanden. So etwa im Bereich der Hochschulen, wo die Arbeit des im Jahre 1988 gegründeten Deutsch-Französischen Hochschulkollegs durch die im Jahre 1999 gegründete Deutsch-Französische Hochschule in Saarbrücken weitergeführt wird. Dieser Weg erweist sich als außerordentlich erfolgreich: Mittlerweile bieten über 100 Universitäten unter dem Dach der Deutsch-Französischen Hochschule integrierte deutsch-französische Studiengänge an, wovon derzeit über 4.000 Studierende Gebrauch machen. Die Tendenz ist steigend. Ähnlich im Schulbereich: Mehr als hundert Schulen in beiden Ländern bieten heute bilinguale Klassenzüge an und an 23 Gymnasien können Schüler das deutsche und französische Abitur mit sogenannten „Abi-Bac-Abschlüssen" gleichzeitig absolvieren. Nimmt man hinzu das Deutsch-Französische Sekretariat für den Austausch in der beruflichen Bildung, das jährlich ca. 4.000 Auszubildende wie auch Ausbildende zu gemeinsamen Maßnahmen zusammenführt, so kann man feststellen, dass es innerhalb und außerhalb Europas keine zwei Staaten gibt, die im Bildungsbereich so eng zusammenarbeiten wie Deutschland und Frankreich.

Weltweit einzigartig ist auch der vor zehn Jahren gestartete gemeinsame Kulturkanal Arte. Als Experiment, ja als deutsch-französisches Abenteuer begonnen und von vielen damals belächelt, hat sich Arte in einem immer schwierigeren Medienumfeld dennoch behauptet. Und mehr noch: Arte kann heute in ganz Europa empfangen werden, und entsprechend ist sein Programmangebot in einer fortschreitenden Europäisierung begriffen. Es ist sicher nicht zu weit gegriffen, wenn man den Sender heute schon als Kern einer herzustellenden übernationalen europäischen Öffentlichkeit bezeichnet.
Es wären sicher noch viele weitere erfolgreiche Beispiele institutioneller Kooperationen aufzuführen, wie etwa die bilinguale Früherziehung in den Kindergärten des Saarlandes und Lothringens, das Deutsch-Französische Forum für Beschäftigung und

Zusammenarbeit, der vom Saarländischen Rundfunk vergebene deutsch-französische Journalistenpreis, die deutsch-französische Filmakademie in Ludwigsburg, die verschiedenen Frankreichzentren an deutschen Hochschulen und nicht zuletzt die ca. 2.000 deutsch-französischen Städte- und Schulpartnerschaften.

Doch gerade deren in den letzten Jahren zu beobachtende Stagnation fällt zusammen mit der rückläufigen Neigung in beiden Ländern, die jeweilige Partnersprache zu erlernen. Beides deutet auf ein abnehmendes Interesse von Deutschen und Franzosen füreinander hin, das der französische Philosoph André Glucksmann gar als gegenseitige Ignoranz beklagte.

Was ist also geschehen zwischen Berlin und Paris, dass vor allem die jüngere Generation nicht mehr mit Neugier und Enthusiasmus auf den Nachbarn blickt? Zunächst ist es wohl der Erfolg der deutsch-französischen Aussöhnung selbst. Die deutsch-französische Aussöhnung ist gelungen und stellt somit heute kein Projekt mehr dar, mit dem man unter Jugendlichen Begeisterung wecken könnte. Doch nicht nur dies, mit der Aussöhnung hat nämlich eine gewisse Assimilation stattgefunden, die Deutschland und Frankreich heute sehr viel ähnlicher gemacht hat, als sie es in der Nachkriegszeit noch waren: In Deutschland setzt sich unter dem Integrationsdruck einer multiethnischen, multikulturellen Gesellschaft mehr und mehr der verfassungsgebundene Nationenbegriff durch, zumal im wiedervereinigten Deutschland damit auch keine deutsch-deutsche Frage mehr berührt wird. Auch erfreut sich die Nation in Deutschland schon seit den achtziger Jahren einer gewissen Rehabilitation, wohingegen in Frankreich der Mythos der Résistance seit der historischen und juristischen (Papon-Prozess) Aufarbeitung der Kollaboration mit dem Naziregime etwas verblasst. Auch verabschiedet sich Frankreich unter dem Stichwort der „décentralisation" zusehends von seinem traditionellen Zentralismus und trägt so dem wachsenden Bedürfnis regionaler Identifikation und Selbstbestimmung Rechnung. (Der jüngst in die französische Verfassung aufgenommene Satz „Die Organisation der Republik ist dezentral" ist in diesem Zusammenhang fast revolutionär.) Es nähert sich damit allmählich dem deutchen Föderalismus an, wenngleich die Unterschiede noch beträchtlich sind. Auch ist Frankreich mittlerweile zu einer hochtechnisierten Industriegesellschaft geworden, in der die „France profonde" heute mehr nostalgische Verklärung denn tatsächliche Realität ist. Und in Fragen der Wirtschaftspolitik bewirkt der EU-Binnenmarkt wie auch die EU-Wirtschafts- und Währungsunion Angleichungsprozesse, die in der Ähnlichkeit der gegenwärtigen Strukturprobleme beider Länder mit Arbeitslosigkeit, wachsenden Sozialleistungskosten etc. ihr Pendant finden. Es ist keine Frage: Deutschland und Frankreich sind sich in solchem Maße ähnlich geworden, dass das Andersartige, das mit zunehmender Globalisierung von jenseits des Atlantiks in wachsendem Maße auf beide Länder einwirkt, auch mehr und mehr die Blicke von Deutschen und Franzosen anzieht. Dies um so mehr, als sich negative wie positive Mythen mit den scheinbar übermächtigen Vereinigten Staaten von Amerika verbinden.

Was bleibt also zu tun? Eine Möglichkeit bestünde darin, dass sich beide Länder in einem europäischen Kern einnisten und alle Register ziehen, um sich gegen die transatlantische Kulturinvasion zu schützen. Dies kann jedoch nur schief gehen, da sich zum einen beide zum Prinzip der offenen Gesellschaft bekennen und eine kulturelle Trutz- und Schutzzollpolitik gegen ihr eigenes Selbstverständnis wäre. Zum andern wäre dies in Zeiten von Internet und worldwideweb auch gar nicht möglich. Und selbst wenn es möglich wäre, wäre es nicht wünschenswert. Vielmehr sollten Frankreich und Deutschland Ausgangspunkt sein für die Bildung eines kulturellen europäischen Selbstbewusstseins. Regionale wie auch nationale kulturelle Identitäten sind schön und gut. Sie sind Realität und bedürfen der Pflege. Doch Kulturpolitik auf diesen Ebenen zu belassen, mündet angesichts der rasanten Globalisierung zwangsläufig im Provinzialismus. Angesagt ist vielmehr ein spezifisch europäisches Projekt der Moderne.

Europa muss sich die Frage stellen, was genau es in den Prozess der Globalisierung einbringen kann und wie es sich darin von den anderen kulturellen und politischen „global players" unterscheidet. Hierfür muss sich Europa seiner eigenen Identität zunächst bewusst werden. Sowohl die Frage nach einem Türkei-Beitritt als auch der Dissens über Europas Rolle im neuen amerikanischen Projekt einer unilateralen Weltordnung berühren letztlich diese Frage nach einer spezifisch europäischen Identität. Muss beispielsweise der weltweite Demokratisierungsprozess, an dem Europa als Geburtsstätte der Demokratie mindestens genau so interessiert ist wie die USA, muss dieser Prozess zwangsläufig mit der Expansion einheimischer Konzerne einhergehen? Oder hat Europa in seinem tiefen historischen Fundus nicht auch Rezepte anzubieten, die stärker auf lokale Entwicklungsprotenziale setzen? Um im aktuellen Bezug zu bleiben: So sehr beispielsweise die Jugend in der islamischen Welt die Kulturprodukte der westlichen Welt, allen voran der USA, begierig rezipiert, so sehr erwächst gerade daraus ein kollektives Gefühl kultureller Unterlegenheit, das maßgeblich sein dürfte für jene antiwestlichen Affekte, die wir so schlecht verstehen können. Hier sei nur daran erinnert, wie sehr die Deutschen die Weimarer Demokratie ablehnten, weil man sie als „undeutsch" empfand. Nichts anderes scheint sich derzeit im arabisch-islamischen Kulturraum abzuspielen.

Aus diesem Grund wird es in den anstehenden globalen Auseinandersetzungen darauf ankommen, Errungenschaften wie Demokratie, Freiheit und Menschenrechte auch in anderen Kulturen Geltung zu verschaffen, ohne dass diese als Fremdeinfluss wahrgenommen und entsprechend abgelehnt werden. Dies wird die zentrale Herausforderung des 21. Jahrhunderts sein. Und gerade Europa mit seiner jahrhundertealten Geschichte gegenseitiger Eroberungen und Verteidigungen, Auseinandersetzungen und Friedensschlüssen, Beeinflussungen und Abschottungen, gerade dieses Europa verfügt über das kulturhistorische Rüstzeug, diese Herausforderung anzunehmen.

Der kulturelle Gegensatz zwischen Frankreich und Deutschland wurde seinerzeit gewiss nicht geringer erachtet als der zwischen Orient und Okzident heute. Aus der Geschichte des deutsch-französischen Verhältnisses erwächst für beide Länder die Verantwortung, ihre Erfahrungen in den Prozess der Globalisierung einzubringen. Das Projekt der europäischen Moderne muss aus diesem Grund von beiden Staaten initiiert werden. Dies wäre die Fortführung der europäischen Motorrolle auf einer anderen Ebene. Dies muss das künftige gemeinsame Interesse von Deutschen und Franzosen sein, das dann getrost an die Stelle des Interesses füreinander treten kann. Dies wäre das neue deutsch-französische Miteinander, das das alte Gegeneinander und derzeitige Nebeneinander gleichermaßen ersetzt.